# Vögel der Gehölze und Hecken

Zaunkönig

Gelbspötter

Goldammer

Schwanzmeise

Singdrossel

Neuntöter

Rotkehlchen

Dorngrasmücke

Heckenbraunelle

Bachstelze

Amsel

Nachtigall

Grauschnäpper

Blaumeise

W0192227

**kosmos** Naturführer

Kosmos
Gesellschaft der
Naturfreunde
Franckh'sche Verlagshandlung
Stuttgart

*Eckart Pott*

# Vögel
# in Wald, Park
# und Garten

Mit 94 Farbfotos von M. Danegger (S. 2/3, 30, 49, 54, 56, 57, 58, 110, 111, 113, 114), J. Diedrich (S. 83, 91), B. Eichhorn/D. Zingel (S. 27, 52, 60, 85), H. Fürst/D. Stahl (S. 62, 66, 71, 72, 79), W. Layer (S. 38, 40, 45, 104, 105), A. Limbrunner (S. 59, 86, 90), H. Partsch (S. 33), E. Pott (S. 77, 87, 88, 89, 94, 95, 96, 99, 101, 109), G. Quedens (S. 44), R. Schmidt (S. 4/5, 37, 39, 61, 70), A. Schulze (S. 31, 32, 43, 50r., 75, 78, 100), J. Weber (S. 53, 92), G. Wendl (S. 35, 63, 67, 69, 76, 82, 98, 106, 107, 108, 115), K. Wothe (S. 34, 42, 93, 97), P. Zeininger (S. 22, 28, 29, 36, 41, 46, 47, 48, 50l., 51, 55, 64, 65, 68, 73, 74, 80, 81, 84, 102, 103, 112, 118) sowie 4 Farbzeichnungen und 28 Schwarzweißzeichnungen von Steffen Walentowitz und 12 Symbolzeichnungen von Marianne Golte-Bechtle.

Umschlag von Kaselow-Design, München, unter Verwendung einer Aufnahme von Peter Zeininger. Das Bild zeigt einen Kernbeißer (*Coccothraustes coccothraustes*).

Die Farben der Silhouetten im Vor- und Nachsatz dieses Buches sind ein Hinweis auf die Größe der Vögel (vgl. die farbigen Randgriffleisten).

CIP-Titelaufnahme
der Deutschen Bibliothek

Pott, Eckart:
Vögel in Wald, Park und Garten :
[mit Aktivteil: Vogelschutz im
eigenen Garten] / Eckart Pott.
[Mit 94 Farbfotos von M. Danegger.
Sowie 4 Farbzeichn. u. 28 Schwarz-
weißzeichn. von Steffen Walento-
witz u. 12 Symbolzeichn. von
Marianne Golte-Bechtle]. – 2. Aufl.
– Stuttgart : Franckh, 1989
(Kosmos-Naturführer)
ISBN 3-440-05819-0

© 1988, Franckh'sche Verlagshand-
lung, W. Keller & Co., Stuttgart
L14 Pl/ISBN 3-440-05819-0
Printed in Germany / Imprimé en
Allemagne.
Satz: G. Müller, Heilbronn
Reproduktion: G. Schmid, Stuttgart
Herstellung: Mairs Graphische
Betriebe, Ostfildern

# Vögel in Wald, Park und Garten

Die Zeiten haben sich geändert – was das Umweltbewußtsein in unserem Land betrifft. Anders als noch vor zehn oder zwanzig Jahren wird die Bedrohung unserer Lebensgrundlagen heute nicht mehr nur von Biologen und Naturschützern wahrgenommen, sondern von breiten Schichten der Bevölkerung. Diejenigen, die sich sozusagen von Amts wegen mit Umweltproblemen beschäftigen, haben schon lange eine erst schleichende, dann galoppierende Verarmung unserer Natur mit ihrer ursprünglich so vielfältigen Pflanzen- und Tierwelt konstatiert, weisen immer wieder darauf hin und drängen auf Abhilfe. Früher standen sie oft allein, heute finden sie immer mehr Unterstützung. Und das ist gut so.

Was wäre denn auch der eigene Garten ohne das brütende Blaumeisenpärchen, was wäre ein Waldspaziergang ohne das vielstimmige Vogelkonzert? Die Aussicht auf einen irgendwann bevorstehenden „stummen Frühling" hat viele Menschen betroffen gemacht. Folgerichtig ist die Beschäftigung mit der Natur – im anglo-amerikanischen Raum hat sie schon lange Tradition und ist für viele ein mit viel Liebe und Engagement gepflegtes Hobby – inzwischen auch bei uns salonfähig geworden. Auch das ist gut so. Denn: Wenn man sich für die Natur einsetzen will, muß man

nicht nur eine Liebe zu ihr in sich tragen, sondern auch entsprechende Kenntnisse haben. Nur was man kennt, wird man auch zu schützen trachten.

Der vorliegende Führer wurde also aus unterschiedlichen Motiven heraus erarbeitet. Im einleitenden Teil geht es darum, dem noch unerfahrenen Vogelfreund Hinweise zu geben, wie er die ersten Schritte hin zur Beobachtung und zum Kennenlernen der Vogelwelt gehen kann. Im Hauptteil werden die einzelnen Vogelarten, denen er in seiner nächsten Umgebung – im Garten, im Park, im Wald – begegnen kann, in Bild und Text beschrieben. Im abschließenden Teil des Führers wird die Bedrohung unserer Vogelwelt angesprochen, und im Aktivteil bekommt jeder Interessierte Informationen, wie er selbst – als einzelner – einen Beitrag zum Vogelschutz leisten kann.

Ich hoffe, daß dieser Naturführer ein wenig mithelfen wird, vor allem junge Menschen für die Vogelwelt um sie herum zu interessieren, der Vogelkunde neue Freunde zuzuführen. Sollten einige darunter sein, die sich mit Engagement, fundierten Kenntnissen und handfesten Argumenten für die Erhaltung der Vogelwelt und den Schutz unserer Natur allgemein einsetzen, hätte ich mehr erreicht, als ich erwarten konnte.

Stuttgart
Dr. Eckart Pott

# Zu diesem Buch

Absicht des vorliegenden Naturführers ist es, den noch unerfahrenen Vogelfreund an die Vogelwelt heranzuführen und ihm entsprechende Grundkenntnisse zu vermitteln. Deshalb werden auch nicht sämtliche Vogelarten aufgeführt, die in den Wäldern, Parks und Gärten in Mitteleuropa anzutreffen sind. Vielmehr wurde eine sinnvolle Auswahl getroffen, so schwer sie im einzelnen auch gefallen ist. Aber weniger ist für den Anfänger oft mehr. Und deshalb wird man einige schwer zu beobachtende oder nur noch selten vorkommende Vogelarten in diesem Buch nicht finden. Der interessierte Vogelfreund wird auf einen Vogelführer verwiesen, der die gesamte europäische Vogelwelt umfaßt. Hinweise darauf finden sich im Literaturverzeichnis.

Die Fotos in diesem Führer – allesamt farbig und in freier Natur aufgenommen – wurden mit besonderer Sorgfalt ausgewählt. Es wurde stets darauf geachtet, daß die abgebildeten Vögel so gezeigt werden, wie sie der Beobachter draußen auch wirklich sehen kann. In den meisten Fällen werden die Männchen im Brutkleid gezeigt; die Weibchen und Jungvögel werden im Text beschrieben. Zusätzlich zeigen die inneren Umschlagseiten die Silhouetten von verschiedenen Vogelarten. Dabei wurden im wesentlichen typische Vertreter der einzelnen Vogelfamilien in dem jeweiligen Lebensraum dargestellt, in dem sie überwiegend beobachtet werden können. In den allgemeinen Teilen finden sich ergänzende Grafiken zum Erkennen von Vogelnestern und zum Vogelschutz.

Visuelle Information vermittelt im Bestimmungsteil darüber hinaus die Kopfleiste. In Form von Symbolen wird gezeigt, in welchem Lebensraum der betreffende Vogel überwiegend vorkommt. Dabei bedeuten:

 vorwiegend am und im Haus

 vorwiegend am Boden und im (niedrigen) Gebüsch

 in (hohem) Baumbestand

 an Gewässern (an Parkteichen, Bächen und Flüssen in der Stadt)

Ob der betreffende Vogel bei uns das ganze Jahr über vorkommt, teilweise oder ganz zum Winter hin abzieht (und zur Brutzeit wieder zurückkehrt), oder ob er nur im Winter vorkommt, wird durch folgende Begriffe angezeigt:

| Jahresvogel | das ganze Jahr über bei uns |
|---|---|
| Teilzieher | ein Teil der Population zieht ab, ein anderer Teil überwintert bei uns |
| Sommervogel | nur im Sommer bei uns, die gesamte Population zieht ab |
| Wintergast | nur im Winter bei uns, überwiegend Zuzügler aus dem Norden |

Schließlich findet sich in der Kopfleiste ein Hinweis darauf, in welcher Gefährdungskategorie der Vogel nach der „Roten Liste der gefährdeten Tiere und Pflanzen in der Bundesrepublik Deutschland" gegebenenfalls einzuordnen ist. Verwendet werden folgende Symbole:

 **Vom Aussterben bedroht** (= Kategorie 1)

 **Stark gefährdet** (= Kategorie 2)

 **Gefährdet** (= Kategorie 3)

 **Potentiell gefährdet** (= Kategorie 4)

Näheres zur Einordnung der einzelnen Vogelarten in die aufgeführten Gefährdungskategorien lese man im Kapitel über die Bedrohung unserer Vogelwelt im hinteren Teil dieses Führers nach. Über all dies hinaus ermöglichen die Farbkennzeichnungen am Rand der unteren Hälfte jeder Seite, den beobachteten Vogel anhand der Größe aufzufinden.

Es bedeuten:

**Vögel bis etwa Sperlingsgröße**

**Vögel bis etwa Amselgröße**

**Vögel über Amselgröße**

Unter „Größe" ist hier die Länge von der Schnabelspitze bis zur Schwanzspitze zu verstehen. Dabei wurden bewußt drei Größenklassen gebildet, für die als Maßstab bekannte Vögel stehen, die also auf der allgemeinen Erfahrung des Beobachters aufbauen. Die Benutzung der Größe als Bestimmungsmerkmal eines Vogels und die darauf basierende Gliederung des Bestimmungsteils in diesem Buch stellen notwendigerweise einen Kompromiß dar. So ist der Haussperling knapp 15 cm lang, die Goldammer aber 16,5 cm. Dennoch wurde die Goldammer in die erste Größenklasse eingeordnet, weil wohl jeder, der den Vogel draußen sieht und seine Größe angeben soll, sagen wird, die Ammer sei so groß wie ein Sperling. Die Misteldrossel ist mit knapp 27 cm etwas länger als die Amsel mit 25,5 cm. Auch hier wurden beide Vögel in dieselbe Größenklasse gestellt. Zudem ergab sich der Vorteil, daß alle Drosseln im Zusammenhang betrachtet werden konnten. Dies gilt auch für die Spechte, die (mit Ausnahme des Schwarzspechtes) hintereinander stehen, obwohl der Kleinspecht mit 14,5 cm sogar kleiner als ein Haussperling ist. Die Gegenüberstellung mit dem ähnlichen Buntspecht wurde an dieser Stelle für wichtiger erachtet.

Die Größenklassen sind also nicht ganz streng, sondern im Sinne einer sinnvollen ersten Klassifizierung zu verstehen, die dem Anfänger helfen kann, Ordnung in die Formenfülle zu bringen. Innerhalb der Größenklassen wurde dann wiederum nach biologisch-systematischen Gesichtspunkten gegliedert. Auch hier war hin und wieder ein Kompromiß notwendig, um ähnliche Arten auf einer Doppelseite nebeneinander abbilden zu können. Die verglei-

8

chende Gegenüberstellung erschien für den Anfänger in diesen Fällen wichtiger als die streng systematische Reihung. Einen Überblick über die systematische Stellung der in diesem Band vorgestellten Vogelarten geben die Seiten vor dem Bestimmungteil. Die Texte zu den einzelnen Vogelarten enthalten die wesentlichen Informationen, die man benötigt, um den betreffenden Vogel bestimmen zu können. Darüber hinaus wird Wissenswertes zur Biologie jeder Art mitgeteilt, so daß man sie ein wenig näher kennenlernt.

In einem Kasten am Kopf eines jeden Textes findet man den (oder die) gängigen deutschen Namen, darunter den wissenschaftlichen Namen und die Angabe der Familie, in die der beschriebene Vogel einzuordnen ist. Darüber hinaus findet man neben „E" den (oder die) englischen und neben „F" den (oder die) französischen Namen. Im Zeitalter grenzüberschreitender Ferienreisen mögen beide Angaben eine Hilfe bei der Vogelbeobachtung im Ausland sein.

Unter Merkmale werden die Länge angegeben, die wesentlichen Bestimmungsmerkmale genannt und auf das gegebenenfalls unterschiedliche Aussehen von Männchen, Weibchen und Jungvögeln hingewiesen. Falls nötig, werden die Unterschiede zu nahe verwandten Vogelarten deutlich gemacht, in vielen Fällen auch typische Verhaltensweisen.

Unter Stimme werden charakteristische Rufe geschildert und in Buchstabenform wiedergegeben. Ebenso wird der Gesang beschrieben und – wo sinnvoll – mit dem Gesang nahe verwandter Arten verglichen. Wo nötig, erfolgt auch ein Hinweis, wie und wo der Gesang vorgetragen wird.

Unter Vorkommen wird auf den Lebensraum des Vogels abgehoben. Darin steckt die Information, wo man nach dem betreffenden Vogel fahnden kann. Anhand der Angaben kann man aber auch prüfen, ob ein Vogel in dem Lebensraum, in dem man ihn beobachtet hat, überhaupt vorkommt. Abschließend wird gesagt, ob der Vogel bei uns Jahresvogel, Teilzieher, Sommervogel oder Wintergast ist. Anhand dieser Angaben kann eine Bestimmung ebenfalls überprüft werden, denn auch das jahreszeitliche Vorkommen ist in Grenzen typisch für die meisten Arten.

Unter Nahrung wird aufgezeigt, was die Vögel fressen. Die Ernährungsweise kann ja von Fall zu Fall zur Überprüfung einer Beobachtung mit herangezogen werden. Schließlich hängt beispielsweise die Schnabelform eines Vogels eng mit der Art der aufgenommenen Nahrung zusammen. Unter Brut schließlich finden sich Angaben, wie die Brutzeit liegt. Es wird gesagt, ob der Vogel nur eine oder mehrere Bruten im Jahr aufzieht, wo und wie das Nest angelegt wird, und wie viele Eier ein durchschnittliches Gelege zählt. Sollten über dieses Raster hinaus weitere Informationen notwendig sein, werden sie dem Text in Form eines Kastens angehängt.

Vögel zu beobachten ist eine der schönsten Nebensachen der Welt. Wer die Vogelbeobachtung als Hobby betreiben möchte, sollte sich aber ein wenig Know-how aneignen. Schließlich will man ja wissen, welchen Vogel man da vor sich hat. Und wenn man ihn problemlos bestimmen kann, ist es auch eher möglich, sich auf besondere Verhaltensweisen zu konzentrieren und zu versuchen, Zusammenhänge zu erkennen. Viel Anstrengung bedarf es dazu nicht.

Liebe zur Natur ist sicher die wichtigste Voraussetzung, um der Vogelbeobachtung nachzugehen. Ein wenig „Geländegängigkeit" und Geduld sind weitere Eigenschaften, die man mitbringen sollte. Denn die Vogelbeobachtung ist ja nicht auf die Beobachtung vom warmen Wohnzimmer aus beschränkt. Zwar lernt man auf diese Weise die Vögel, die im eigenen Garten leben oder ans Futterhaus kommen, kennen, die Park- und Waldvögel aber sicher nicht. Da muß man schon hinaus aus den eigenen vier Wänden. Vogelbeobachtung ist ja gerade deswegen für viele Menschen eine so schöne und befriedigende Sache, weil man ihr draußen in der Natur nachgehen kann – eine wesentliche Abwechslung im Alltagsleben, das oft genug zwischen Wohnung und Büro stattfindet.

Wenn man draußen in der Natur unterwegs ist, sollte man sich ihr in sinnvoller Weise anpassen. Dazu gehört etwa, daß man nicht unbedingt mit einer gelben Öljacke durch Wiesen und Felder marschiert. Gedeckte Kleidung ist in diesem Fall schon eher angebracht.

Ein gutes Fernglas ist immer vonnöten. Bei den häufig kleinen Vogelarten, die wir in Wald, Park und Garten zu Gesicht bekommen, bewährt sich eines mit 8- oder 10facher Vergrößerung. Diese Gläser sind heute so klein und leicht gebaut, daß man sie problemlos in der Tasche mitführen kann. Man sollte bei der Anschaffung die Punkte Qualität, Gewicht und Preis im Zusammenhang betrachten, dann findet man sicher ohne Schwierigkeiten das einem zusagende Modell.

In die Tasche gehört natürlich auch ein Vogelführer wie dieser. Einen solchen wird man besonders am Anfang benötigen, denn es gilt mit schöner Regelmäßigkeit, ähnlich aussehende Arten auseinanderzuhalten. Außerdem läßt sich mit einem Führer gut ein „Trockentraining" machen. Damit ist gemeint, daß man seinen Vogelführer immer wieder einmal in einer Mußestunde durchblättert, sich den Text durchliest und vor allem die Abbildungen genau ansieht und einprägt. Es ist sehr hilfreich, wenn man schon im voraus weiß, worauf zu achten ist. Man muß – mit anderen Worten – die feldornithologischen Kennzeichen der Vögel im Kopf oder noch besser im Unterbewußtsein haben. Zusammen mit den draußen beobachteten Details wird man dann nämlich rasch zu einer Diagnose kommen.

Hilfreich ist es immer, ein Notizbuch mit Bleistift oder Kugelschreiber dabeizuhaben. Man kann sich dann rasch ein paar Besonderheiten notieren, vielleicht auch eine kleine Zeichnung von beobachteten Details des Gefieders machen oder festhalten, wie der Vogel singt. Man kann sich aber auch ein regelrechtes Beobachtungstagebuch anlegen und die Notizen dort integrieren. Nach langen Jahren wird man sich sicher mit Schmunzeln an manches erinnern, was einem zum Zeitpunkt der Beobachtung wichtig war.

Schließlich sind noch ein paar Spielregeln zu beachten, die sich im wesentlichen auf den Naturschutz beziehen. Man sollte beispielsweise unbedingt vermeiden, die Vögel zu beunruhigen. Eine gewisse Zurückhaltung ist also geboten, zumal man dann auch das normale Verhalten der Vögel beobachten kann. Wer sich neben ein Vogelnest setzt und abwartet, wie der Vogel darauf reagiert, wird nicht nur wenig Freude haben, sondern handelt auch verantwortungslos. Der Vogel ist aufgeregt, flattert hilflos umher und stößt Warnrufe aus. Ganz davon abgesehen, gefährdet man das Gelege oder die schon geschlüpften Jungen. Dies kann man sich heute einfach nicht mehr gestatten. Unsere Vogelwelt hat ohnehin einen schweren Stand.

Einen Vogel zu sehen und dann herauszufinden, um welche Art es sich handelt, also ihn zu bestimmen, ist zweierlei. Wenn man die feldornithologischen Kennzeichen des Vogels schon im Kopf hat, ist es relativ leicht, ihn richtig zu benennen. Man wird aber immer wieder einen Vogel beobachten, den man noch nie vorher gesehen hat. Hier helfen der folgende Fragenkatalog und die jeder Frage beigefügten Hinweise weiter. Der Katalog soll anregen, bereits bei der Beobachtung eines Vogels auf alles Wesentliche zu achten. Erfahrene Feldornithologen haben dieses Raster im Kopf. Sie gehen es in Gedanken durch und kommen deshalb schnell und sicher zu einer richtigen Bestimmung.

**1** Welche Größe hat der Vogel? Welche Gestalt hat er, wie ist er gebaut?
– Ein Vogel kann etwa so groß wie ein Sperling sein, aber auch wie eine Amsel, eine Taube oder ein Bussard. Er kann schlank oder eher rundlich gebaut sein. Die Haltung kann aufrecht sein oder geduckt. Er kann lange Beine haben oder kurze.

**2** Welche Farbe hat der Vogel?
– Es ist auf die Färbung zu achten, aber auch auf die Verteilung der Farben im Gefieder.

**3** Fällt in der Zeichnung des Gefieders etwas besonders auf? Sind Kopf, Rücken, Brust, Flügel oder Schwanz auffällig gemustert?
– Die Oberseite eines Vogels kann beispielsweise einfarbig sein, die Brust dagegen gefleckt oder gestreift. Der Kopf kann einfarbig sein, aber auch einen oder gar mehrere Streifen aufweisen. Die Flügel können einheitlich gefärbt sein, aber auch Streifen und Binden, Flecken und Felder besitzen.

**4** Welche Form hat der Schnabel?
– Der Schnabel kann lang oder kurz, gerade oder nach unten gebogen sein. Er kann ein feiner, pinzettenartiger Insektenfresserschnabel sein oder ein kurzer, derber Körnerfresserschnabel; möglich sind aber auch ein Hakenschnabel zum Aufreißen von gefangenen Beutetieren oder ein breiter Schnabel mit Lamellen, mit denen der Vogel Nahrung aus dem Wasser seihen kann. Schließlich kann der Schnabel dolchförmig sein, und die Spitzen können sich überkreuzen.

**5** Welche Form hat der Schwanz?
– Ist der Schwanz lang oder kurz, ist er am Ende abgestutzt, gerundet, eingekerbt, keilförmig oder tief gegabelt?

**6** Welche Form haben die Flügel? Wie fliegt der Vogel? Wie ist der Flügelschlag?
– Die Flügel können langgestreckt sein oder kurz und rundlich. Sie können an den Enden abgerundet sein oder spitz zulaufen. Sie können aber auch sichelförmig sein. Es gibt Vögel, die mehr oder weniger geradeaus fliegen. Andere fliegen wellenförmig oder aber rasch und reißend. Wieder andere stehen bisweilen rüttelnd in der Luft. Kleine Vögel schlagen meist sehr schnell mit den Flü-

# Gefiederpartien und Körperteile eines Singvogels

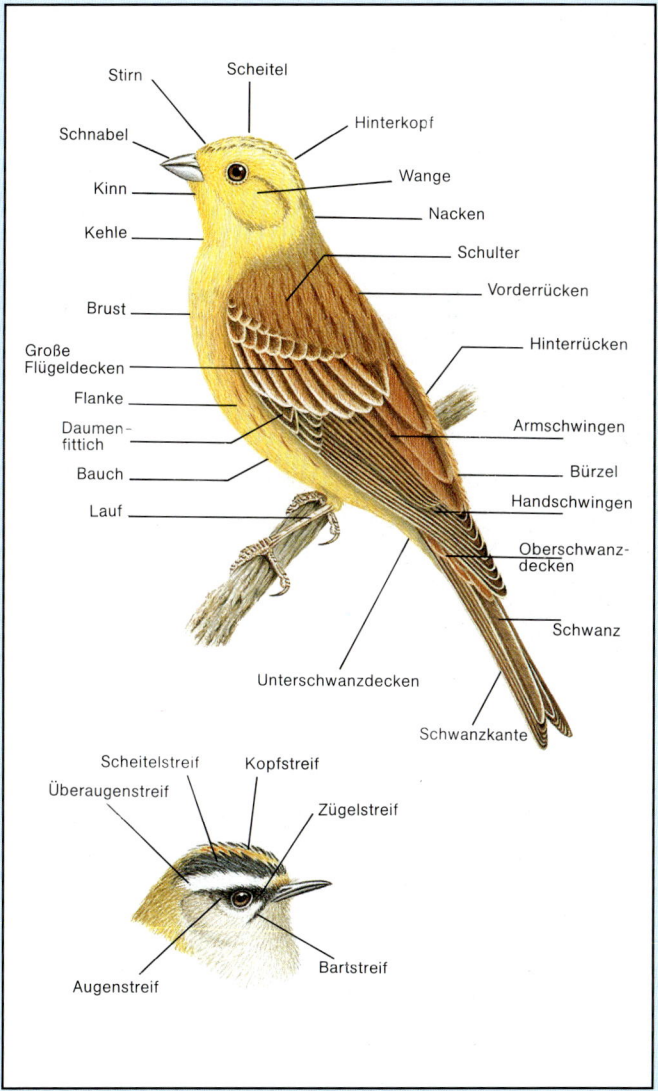

Stirn
Scheitel
Hinterkopf
Schnabel
Kinn
Wange
Kehle
Nacken
Schulter
Vorderrücken
Brust
Große Flügeldecken
Hinterrücken
Flanke
Daumen- fittich
Armschwingen
Bauch
Bürzel
Lauf
Handschwingen
Oberschwanz- decken
Schwanz
Unterschwanzdecken
Schwanzkante

Scheitelstreif
Kopfstreif
Überaugenstreif
Zügelstreif
Bartstreif
Augenstreif

geln, größere Arten eher bedächtig rudernd. Bei manchen Arten wechseln Schlag- und Gleitphasen einander ab.

**7** Wie ruft oder singt der Vogel? Wo ruft oder singt er?
– Hier beginnt schon die höhere Schule der Vogelbeobachtung. Zur Unterscheidung nahe verwandter Arten ist die Heranziehung akustischer Kennzeichen aber oft unumgänglich. Deshalb sollte man versuchen, die Rufe und Gesänge der beobachteten Vögel zu beschreiben. Der Ruf kann weich oder hart sein, der Gesang ein Triller oder eine Kadenz. Ein Vogel kann im Gebüsch singen, aber auch exponiert auf einem Dachfirst oder von der Spitze eines Baumes aus.

**8** Wie verhält sich der Vogel?
– Hier geht es um Besonderheiten im Verhalten des Vogels. Man sollte also einen Vogel nicht nur kurz beobachten und als gesehen abhaken, sondern längere Zeit hinschauen. Nur dann erkennt man die entsprechenden Verhaltensweisen, die ihn selbst, seinen Brutpartner, Artgenossen oder andere Arten betreffen.

**9** Wo und wie ist das Nest gebaut? Welche Farbe haben die Eier?
– Ein Vogelnest kann am Boden stehen, im niedrigen Gebüsch, aber auch mehr oder weniger hoch auf Bäumen. Es kann eine flache Mulde sein, aber auch eine Kugel. Die Eier können rein weiß sein, aber auch eine andere Grundfarbe und ein Muster aus Punkten, Flecken und Linien aufweisen.

**10** Wann und wo wurde der Vogel beobachtet?
– Hier sind Tages- und Jahreszeit gemeint. Bei der Beobachtung seltener Arten sind natürlich Datum und Uhrzeit festzuhalten. Man sollte sich auch merken, wo man den Vogel gesehen hat, d. h. den Lebensraum festhalten (Gebüsch, Nadelwald, Parkteich o. ä.). Bei seltenen Arten hält man wiederum eine genaue Ortsangabe fest.

Diesen Fragenkatalog mit seinen Erläuterungen lese man sich immer wieder einmal in Ruhe durch. Die ganzseitige Abbildung in diesem Kapitel hilft dabei, sich weitere wichtige Begriffe anzueignen. Am Beispiel der Goldammer wird deutlich, wie die jeweiligen Körper- und Gefiederregionen richtig bezeichnet werden. Am Beispiel des Sommergoldhähnchens wird erläutert, wie die Kopfpartie eines Vogels beschaffen sein kann, und welches die jeweils richtigen Bezeichnungen sind.
Diese vielen neuen Wörter muß man natürlich nicht kennen, um in die Vogelbeobachtung „einzusteigen". Sie sind aber unumgänglich, will man im Laufe der Zeit zu gründlichen Kenntnissen kommen.

# Ein wenig Vogelfotografie

Nach einiger Zeit der Vogelbeobachtung mit dem Fernglas mag in manchem der Wunsch reifen, die Vögel auch zu fotografieren. Man denkt, diesen oder jenen Vogel habe man doch ganz aus der Nähe beobachten und deshalb sicher auch leicht auf den Film bannen können. So einfach ist die Vogelfotografie bzw. die Tierfotografie aber keineswegs. Die Fotos in diesem Naturführer etwa sind kaum zufällig entstanden, sondern das Ergebnis langwieriger und harter Arbeit, auch wenn man ihnen das nicht auf den ersten Blick ansieht. Jahrelange Erfahrung gehört dazu, solche Fotos zu machen – und noch mehr Geduld. Die technischen Probleme, die sich bei Tieraufnahmen stellen, sind demgegenüber in den meisten Fällen irgendwie zu lösen. Den Tierfotografen steht ja heute fast alles zur Verfügung, was sie für ihre Arbeit brauchen – von motorisierten Kameras mit automatischer Belichtung und automatischer Entfernungseinstellung über lichtstarke und qualitativ ungeheuer hochstehende Objektive bis hin zu Hochgeschwindigkeitsblitzgeräten, elektronischen Fernauslösern und Sensoren, die die Kamera aus großer Distanz im richtigen Moment arbeiten lassen – vom Tier selbst ausgelöst.

Das Grundproblem, das sich in der Tierfotografie stellt, ist, daß der Fotograf meist recht nahe an sein Objekt herankommen muß, bevor er vernünftige Fotos machen kann. Abgesehen von der Möglichkeit, langbrennweitige Teleobjektive einsetzen zu können, muß der Vogelfotograf dennoch entweder ansitzen – also auf den Vogel warten und ihn an sich herankommen lassen – oder sich ihm vorsichtig nähern, ihn anpirschen. Immer aber ist noch ein gewisser Abstand zu überbrücken. Aus diesem Grund sind Objektive von 400 bis 800 mm Brennweite in den Ausrüstungen der meisten Vogelfotografen vorhanden. Diese schweren Geräte können praktisch nur vom Stativ aus benutzt werden. Tierfotografie bedeutet also auch körperlichen Einsatz.

Das Verhalten des Fotografen und die richtige Technik müssen zusammenspielen. Je besser ein Fotograf dies beherrscht, desto eher wird er zu zufriedenstellenden oder gar außergewöhnlichen Fotos kommen.

Für das Ansitzen gilt, nur dort auf die Vögel zu warten, wo man keinen Schaden anrichten kann. Ansitze am Nest sind zwar bei entsprechender Erfahrung möglich, aber heute muß man solche Aufnahmen wirklich nicht mehr machen. Einmal gibt es Fotos von brütenden Vögeln in reichem Maße, und zum anderen gefährdet man die Vögel und ihre Brut nur unnötig. Darüber hinaus ist es heute auch vielfach gesetzlich verboten. Aber man kann sich ja zum Beispiel am Futterhaus im eigenen Garten auf die Lauer legen und dort Fotos machen. Zunächst nimmt man sich vielleicht vor, die Vögel im Sitzen zu fotografieren. Dann aber könnte man sich auf die Verhaltensweisen der dort fressenden Vögel konzentrieren. Auch an der Vogeltränke im Garten ist vielerlei zu dokumentieren. Ein idealer Platz für Fotos sind darüber hinaus die Parkteiche. Hier kann man nicht nur schwimmende Wasservögel fotografieren, sondern sich beispielsweise der Nahrungssuche von Vögeln widmen, das Balzverhalten der Stockenten oder die Auseinandersetzungen zwischen Schwänen oder Bläßhühnern im Bild festzuhalten versuchen.

Schwieriger ist es schon, die Vögel anzupirschen. In vielen Parks sind die Vögel aber oft so vertraut, daß man etwa an ein in einem Strauch singendes Rotkehlchen nahe herankommt und mit dem Teleobjektiv durchaus zu seinen Fotos kommt.

Aber ob Ansitz oder Pirsch, der Vogelfotograf muß insgesamt sehr viel Geduld aufbringen. Wenn ihm diese nicht in ausreichendem Maße zur Verfügung steht, wird er sich bald anderen Dingen zuwenden – und er sollte das auch tun. Darüber hinaus muß er so viel biologisches Wissen wie möglich einbringen, und er sollte immer bereit sein, das Wohlbefinden seiner Motive vor die gelungene Aufnahme zu stellen. Wenn sich hier die Priorität umkehrt, dann sollte jeder Fotograf schleunigst die Notbremse ziehen, einmal ganz davon abgesehen, daß er sich auch im juristischen Sinn strafbar machen kann. Ein Blick in das Naturschutzgesetz und andere relevante Vorschriften ist jedem anzuraten. Tierfotografie bedeutet schließlich immer ein Eindringen in den Lebensraum der Tiere. Es besteht also grundsätzlich die Forderung nach behutsamem Vorgehen. Auf Grund mangelhafter Kenntnisse und durch falschen Ehrgeiz getrieben, können Tierfotografen draußen durchaus Schaden anrichten. Störungen am Brutplatz können die Vögel veranlassen, ihre Brut oder sogar das ganze Areal aufzugeben. Deshalb ist grundsätzlich geboten, im Bestand gefährdete Arten in Ruhe zu lassen. In Schutzgebieten gelten natürlich noch strengere Regeln; hier informiere man sich besonders sorgfältig.

Andererseits ist auch klar, daß die Verarmung unserer Vogelwelt in keiner Weise damit zusammenhängt, daß die Vögel zu oft von Tierfotografen gestört wurden. Wenn jemand das behauptet, ist das schlichtweg Unsinn. Zu lange haben wir unsere Umwelt zerstört, zu lange den Vögeln den ihnen zusagenden Lebensraum eingeschränkt. Wenn wir jetzt sensibler auf Umwelt- und Naturschutzprobleme reagieren als früher, so ist das zwar einerseits auch den vielen hervorragenden Natur- und Tieraufnahmen zu verdanken, die heute vorliegen, so führt dies andererseits aber dazu, daß auch die Arbeitsweise der Tierfotografen stärker unter die Lupe genommen wird, als es früher der Fall war.

Deshalb noch einmal der Rat und der Appell: Die Natur muß bei allem Verständnis für die Begeisterung, die die Tierfotografie mit sich bringen kann, immer Vorrang haben!

# Rufe und Gesänge der Vögel

Die Vögel stehen dem Menschen sicher nicht nur deshalb so nahe, weil sie aktive und teilweise schön gefärbte oder apart gezeichnete Tiere sind, sondern auch, weil sie sich in vielfältiger Weise akustisch äußern. Oft wird man erst durch ihre Rufe und Gesänge auf die Vögel aufmerksam, und vielfach empfindet man die Vogelstimmen als einen ästhetischen Genuß. Wie aber sind die akustischen Äußerungen der Vögel zu verstehen?

Zunächst kann man zwischen stimmlichen und instrumentalen Äußerungen unterscheiden. Zu den stimmlichen Äußerungen gehören die vielfältigen Rufe und Gesänge, zu den instrumentalen etwa das Trommeln der Spechte, das Schnabelklappern der Störche oder das Flügelklatschen balzender Ringeltauber. All diese Lautäußerungen haben für die Vögel eine biologische Funktion. Die Gesänge dienen im wesentlichen dazu, ein Brutrevier zu markieren und ein Weibchen anzulocken. Vielfach fördern sie auch den Zusammenhalt des Paares und die Abstimmung der geschlechtlichen Aktivität. Rufe haben spezielle Funktionen in der Kommunikation mit dem Brutpartner und den eigenen Jungen, sie warnen Artgenossen oder sichern den Zusammenhalt im Trupp oder Schwarm. Rufe und Gesänge der Vögel haben also die Funktion, auf akustischem Wege Informationen weiterzugeben.

Deshalb ist es nicht weiter verwunderlich, wenn man Vogelrufe fast das ganze Jahr über hört. Gesänge hört man dagegen im wesentlichen in der Brutzeit, auch wenn beispielsweise der Zaunkönig fast das ganze Jahr über singt. Den Waldkauz hört man ebenfalls oft mitten im Winter. So ganz ohne Vogelgesang sind also nur wenige Monate im Jahr. Gesänge hört man – mit Ausnahme der Mittagsstunden und der Zeit um Mitternacht – fast den ganzen Tag über – wenngleich die meisten auch in der Morgen- und Abenddämmerung festzustellen sind.

Wie kann man Vogelrufe und -gesänge nun so beschreiben, daß andere Menschen davon eine Vorstellung bekommen? Dieses Thema ist für die Ornithologen insofern wichtig, als sie als Naturwissenschaftler darauf angewiesen sind, objektive Daten zu erarbeiten, und dies mit Methoden, die für die Fachkollegen nachvollziehbar sind. Vogelstimmen kann man nun auf ganz unterschiedliche Weise beschreiben. Zunächst einmal kann man versuchen, das Gehörte mit den Mitteln der normalen Sprache auszudrücken und in schriftlicher Form wiederzugeben. So kann man etwa die Rufe des Mauerseglers mit „sriih, sriih" wiedergeben, und andere Menschen können sich den Ruf in etwa vorstellen. Man kann aber auch versuchen, die Stimmen in Form der Notenschrift wiederzugeben. Die Übersetzung eines Vogelgesanges in Notenschrift ist zwar möglich, einerseits aber nicht für jedermann nachvollziehbar, und andererseits beinhaltet auch diese Methode noch – genau wie die Umsetzung der Gesänge in schriftliche Form – sehr viele subjektive Momente. Dennoch kann man auf diese Weise Tonhöhen und Pausen gut darstellen. Da nicht bei jedem Laien und auch nicht bei jedem Vogelkundler so viele musikalische Kenntnisse vorauszusetzen sind, daß er vor dem geistigen Auge problemlos Notenschrift in Töne umzusetzen in der Lage ist, wurde der Versuch gemacht, eine vereinfachte Notenschrift zu entwickeln, mit der man Vogelstimmen darstellen kann. Auch dieser Versuch hat seine Berechtigung und vielen Einsteigern in das Gebiet der Vogelkunde den Weg zum Kennenlernen der Vogelstimmen geebnet. Einen Durchbruch im wissenschaftlichen Sinn leisteten aber erst die Verfahren der elektromagnetischen Tonaufzeichnung und der elektronischen Analyse der Aufnahmen. Wenn man nämlich die Stimme einmal auf Magnetband gespeichert hat, kann man sie durch einen sogenannten Sonagraphen schicken und in objektivierter Form visuell darstellen. Man spricht hier von Klangspektrogrammen oder – nach dem Gerät, das diese Umsetzungen ermöglicht – von Sonagrammen.

Wie lernt man nun selbst Vogelstimmen kennen? Mit dieser Frage wird jeder Vogelkundler sehr rasch konfrontiert, wenn er sich in der Vogelwelt einigermaßen auskennt. Denn schon sehr bald wird er bemerken, daß es beispielsweise ausgesprochen schwierig ist, draußen Zilpzalp und Fitis (und die anderen Laubsänger) mit dem Fernglas auseinanderzuhalten. Hört man dagegen die Gesänge, ist die Bestimmung kein Problem mehr. Ähnliches gilt auch für die optisch ebenfalls einander sehr ähnlichen Rohrsänger.

Die Rufe und Gesänge sind ebenso eindeutige artspezifische Merkmale wie etwa ein typischer Überaugenstreif. Man kann die akustischen Äußerungen wie morphologische Kennzeichen

nutzen. Den Pirol etwa muß man im Kronendach gar nicht sehen, und man weiß doch, daß er da ist – wenn man seine Flötenrufe hört. Auch auf viele andere Vögel wird man erst dadurch aufmerksam, daß man sie hört.

Man kann nun versuchen, anhand von Büchern die eine oder andere Vogelstimme kennenzulernen. Oben wurde ja schon gesagt, auf welchem Weg man Vogelstimmen visuell darstellen kann. Es wird aber stets einige Unsicherheit bleiben. Ein besserer Weg ist, sich anhand von Schallplatten, Tonbändern oder Tonkassetten in das Gebiet der Vogelstimmenkunde einzuarbeiten. Manche Stimme hört man auch als Unterlegung zu Fernsehfilmen und Videos. Die nach wie vor beste Methode ist aber, sich von einem Kundigen draußen die Stimmen erklären zu lassen. Auf den Exkursionen, die von den Vogelschützern an vielen Orten angeboten werden, hat jeder Interessierte die Möglichkeit, sich in das Gebiet einzuarbeiten.

Die Nester der Vögel kann man ebenso eindeutig erkennen wie ihre Erbauer. Zunächst gilt, daß die Nester in Relation zur Größe der Vögel stehen, die sie errichten. Aber Vorsicht, manche Vögel bauen gar kein eigenes Nest, sondern benutzen die Nester oder Bruthöhlen anderer Arten, um die eigenen Jungen darin aufzuziehen. Und wie die Vögel selbst etwa eine gefleckte Brust oder einen Flügelstreif aufweisen, so sind Nester etwa flache Plattformen aus Ästen und Zweigen oder Kugeln aus Moos. Die Zeichnungen auf dieser Seite und den folgenden zeigen, wie und wo Nester angelegt sein können.

Für den Vogelfreund gilt, Rücksicht auf brütende Vögel zu nehmen. Am Nest sind die meisten Arten sensibel. Manche verlassen schon nach geringer Störung Brutplatz, Gelege oder Junge für immer. Und selbst wenn der Vogel nach einem Besuch zum Nest zurückkehrt, so locken doch die hinterlassenen Spuren Nesträuber an. Also Vorsicht!

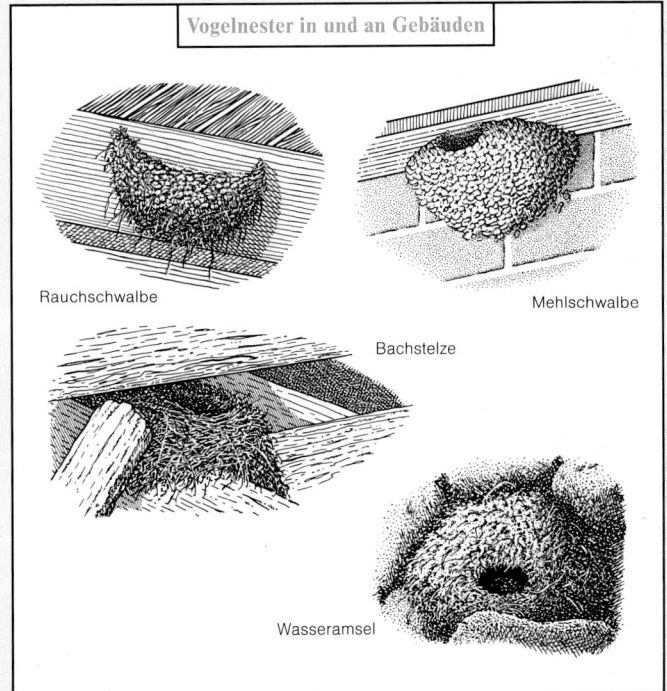

### Vogelnester in und an Gebäuden

Rauchschwalbe

Mehlschwalbe

Bachstelze

Wasseramsel

# Vogelnester in Gebüsch und Bäumen

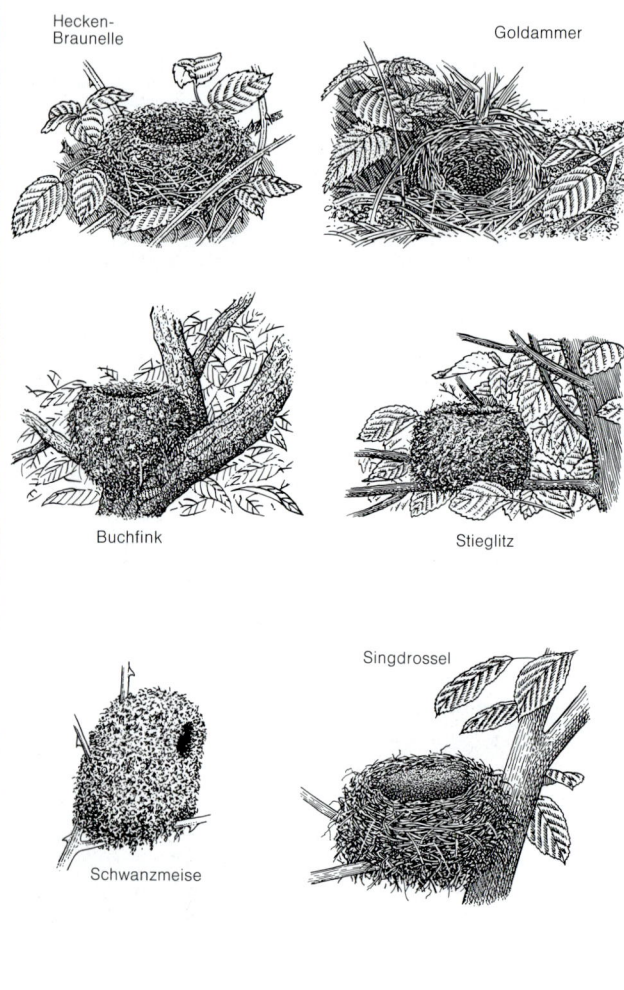

Hecken-Braunelle

Goldammer

Buchfink

Stieglitz

Schwanzmeise

Singdrossel

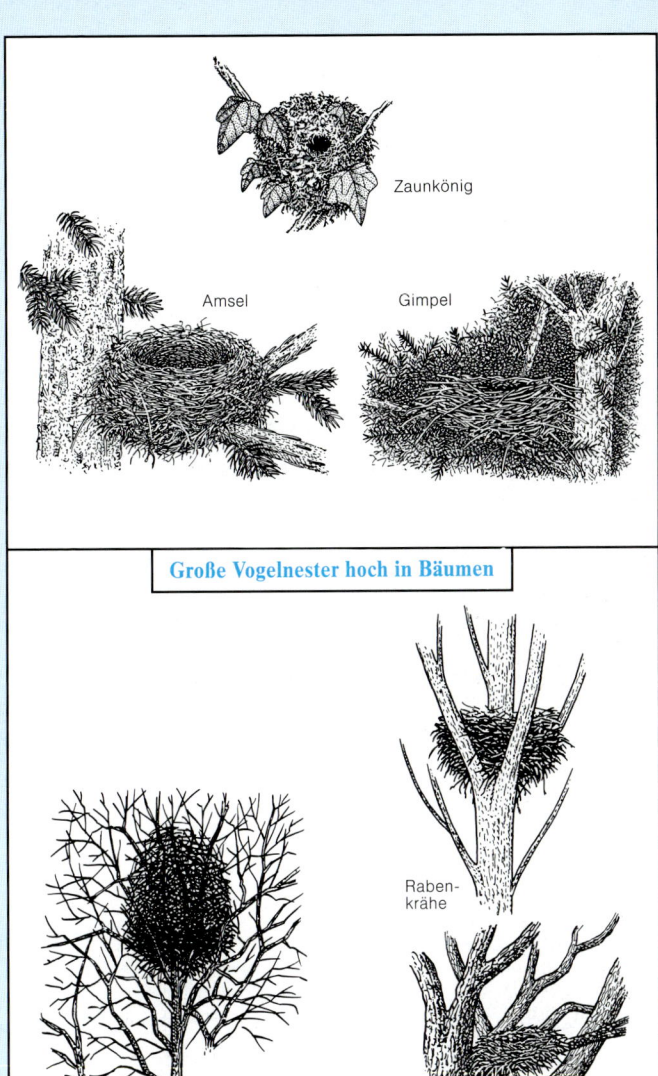

Zaunkönig

Amsel

Gimpel

**Große Vogelnester hoch in Bäumen**

Raben-
krähe

Elster

Eichelhäher

21

Die Frage, welche denn die typischen Kennzeichen der Vögel sind, was die Vögel also von anderen Tieren unterscheidet, mag vielleicht überraschen. Dennoch mußten die Biologen auf diese Frage eine Antwort geben, denn sie war Grundlage für die Einordnung der Vögel in das System der Lebewesen. Und genau aus diesem Grund soll hier noch ein wenig auf die allgemeine Biologie der Vögel eingegangen werden.

Die Vögel stehen stammesgeschichtlich den Kriechtieren oder Reptilien nahe. Der in den Solnhofener Plattenkalken in Bayern versteinert gefundene Urvogel *Archaeopteryx* zeigt neben anderen Merkmalen noch deutlich solche der Kriechtiere: Er besaß einen eidechsenähnlichen Kopf mit bezahnten Kiefern, hatte Krallen an den Flügeln und war befiedert.

Man nimmt an, daß er sich laufend, kletternd, gleitend und flatternd fortbewegen konnte. Sein Lebensraum waren Gebüsche und Wälder. Man schätzt, daß der Urvogel vor rund 200 Millionen Jahren gelebt hat. Sein Fund war für die Paläontologen und die Ornithologen damals eine Sensation, stellte er doch ein wichtiges Bindeglied zwischen den beiden Wirbeltierklassen der Kriechtiere und der Vögel dar.

Gegenüber den Fischen, Lurchen und Kriechtieren ist die Körpertemperatur der Vögel unabhängig von der Außentemperatur immer gleich hoch. Vögel sind also gleichwarme Wirbeltiere. Ihr Körper ist durch das Federkleid nach außen hin gegen Wind, Kälte und Hitze geschützt. Es isoliert außerdem gegen zu hohen Wär-meverlust. Das Skelett der Vögel weist einige Besonderheiten auf, die allesamt eine möglichst hohe Gewichtsersparnis zum Ziel haben. Viele Knochen besitzen lufterfüllte Hohlräume; das Knochenmark ist zurückgebildet. Die Festigkeit des Skeletts wird durch verschiedene Verwachsungen mancher Knochen erreicht.

Insgesamt ist das Prinzip der Leichtbau-Konstruktion verwirklicht. Dies wird besonders augenfällig, wenn man die Gewichte gleich großer Vögel und Säugetiere miteinander vergleicht: Ein Wildkaninchen wird bei 40 cm Länge 1800 g schwer, eine Rabenkrähe bei 47 cm Länge dagegen nur 550 g; ein Maulwurf wird 14 cm lang und 80 g schwer, eine Gartengrasmücke wiegt bei gleicher Länge nur 13 g. Nur auf Grund dieser enormen Gewichtsminderung war es den Vögeln möglich, den Luftraum zu erobern.

Die Gliedmaßen sind entsprechend der Lebensweise umgebildet. Während die Beine den Vögeln ermöglichen, zu sitzen, zu laufen, zu klettern oder Beute zu greifen, ergeben die Vordergliedmaßen in Kombination mit dem Fluggefieder leistungsfähige Tragflächen, mit denen sich die Vögel in der Luft halten und fortbewegen können. Da die Federn vor allem an den Flügeln starken Beanspruchungen ausgesetzt sind, werden sie regelmäßig bei der Mauser durch neue ersetzt.

Das Flugvermögen der Vögel ist eine der Erscheinungen in der Natur, die den Menschen mit am stärksten fasziniert hat: Immerhin erreichen Sperlinge Geschwindigkeiten um 50 km/h, Mauerseg-

ler 180 km/h, und Wanderfalken bringen es im Sturzflug auf ca. 300 km/h – Werte, die für den Menschen nur mit technischen Hilfsmitteln erreichbar sind. Auch der Vogelzug hat den Menschen lange Zeit Rätsel aufgegeben: Weißstörche ziehen von Osteuropa bis nach Südafrika – eine Strecke von rund 10 000 km. Küstenseeschwalben aber legen noch weitere Strecken zurück – vom Brutgebiet im hohen Norden zum Überwinterungsgebiet in die Antarktis und wieder zurück, insgesamt 35 000 bis 40 000 km!

Ein wichtiges anatomisches Merkmal der Vögel ist der Schnabel, der wie die Federn aus dem leichten Baumaterial Horn besteht. Er dient als vielseitig einsetzbares Universalwerkzeug und ist bei den einzelnen Gruppen der Vögel ganz unterschiedlich gebaut. Die einen knacken damit Samen und Früchte auf, die anderen fangen damit Insekten, wieder andere stochern mit ihm im weichen Boden nach Nahrung oder seihen winzige Organismen aus dem Wasser.

Als Atmungsorgan dient den Vögeln ein kompliziertes System aus der Lunge und den anhängenden Luftsäcken. Die energiezehrende fliegende Lebensweise der Vögel hat eine hohe Stoffwechselaktivität zur Folge. Sie drückt sich darin aus, daß die Körpertemperatur der Vögel recht hoch – zwischen 40 und 45°C – liegt, aber auch darin, daß Vögel sehr aktiv sind, um sich die notwendigen Nahrungsmengen zu beschaffen.

Hohe Temperaturen sind auch für die Entwicklung der Jungen im Ei notwendig. Bis auf wenige Ausnahmen werden die mit einer Kalkschale versehenen, dotterreichen Eier bis zum Schlüpfen der Jungen von den Altvögeln mehr oder weniger permanent bebrütet. Vögel legen ihre Nester überwiegend in eigenen Brutrevieren an, doch gibt es auch viele Arten, die in Kolonien zusammen mit Artgenossen brüten, in denen das Revier eigentlich nur noch den unmittelbaren Nestbereich umfaßt. Ein besonderer Fall ist der Brutparasitismus des Kuckucks; er läßt seine Eier von anderen Vögeln ausbrüten, die auch die Aufzucht der Jungen übernehmen. Es gibt Vogelgruppen, in denen die Jungen Nesthocker sind, die erst nach längerer Nestlingszeit flügge werden, und andere, in denen sie als schon relativ weit entwickelte Nestflüchter kurz nach dem Schlüpfen das Nest verlassen.

Die am besten ausgebildeten Sinnesorgane der Vögel sind die Augen und die Ohren. Dies drückt sich unter anderem darin aus, daß viele Verhaltensweisen der Vögel über optische Reize ausgelöst werden, und daß die meisten Vögel über ein oft ausgedehntes Repertoire an Rufen und Gesängen verfügen. Zusammen mit ihrer Aktivität sind dies vielleicht diejenigen Eigenschaften der Vögel, die eine Beschäftigung mit ihnen für den Menschen so reizvoll machen.

Die Ornithologen sind – wie alle Biologen – darauf angewiesen, Ordnung in ihre Beobachtungen zu bringen. Ebenso notwendig ist es, die Fülle der Pflanzen- und Tierarten in ein allgemein verbindliches System zu bringen, in dem sich die Kollegen in der ganzen Welt zurechtfinden. Diese schwierige Aufgabe haben sich die Systematiker gestellt und bis heute nicht endgültig gelöst. Ein System aller Lebewesen soll diese nämlich nicht nur einfach ordnen, sondern auch die stammesgeschichtlichen Beziehungen zwischen ihnen deutlich machen. Und da fehlt noch manches Forschungsergebnis, um die Verwandtschaftsverhältnisse genau festlegen zu können.

Die Vögel bilden zwar eine recht gut erforschte Gruppe, dennoch bestehen durchaus unterschiedliche systematische Auffassungen. Sie bilden eine eigene Klasse innerhalb des Stammes der Chordatiere, zu dem auch die Fische, Lurche, Kriechtiere und Säugetiere gehören. Die Biologen gliedern eine Tierklasse wiederum in Ordnungen. In wie viele Ordnungen die Vögel nun einzuteilen sind, ist durchaus umstritten. Man weiß, daß es auf der Welt zwischen 8700 und 9000 Vogelarten gibt. Die genaue Anzahl hängt nun von den Auffassungen der einzelnen Systematiker ab. Für den Vogelfreund mag wichtiger sein, daß in diese Formenfülle Arten vom Kolibri bis zum Strauß fallen, und daß die Vögel unterschiedlichste Lebensräume besiedelt haben, an die sie in ihrem Bau und in ihrer Lebensweise in oft erstaunlicher Weise angepaßt sind.

Dies alles hier nur als Hintergrund für die Einordnung der Vögel in das biologische System. Die folgenden Ordnungen sind mit folgenden Arten vertreten:

**Ordnung: Lappentaucher**
**(Podicipediformes)**
Zwergtaucher

**Ordnung: Entenvögel**
**(Anseriformes)**
Höckerschwan
Mandarinente
Stockente

**Ordnung: Greifvögel**
**(Accipitriformes)**
Sperber
Habicht
Mäusebussard

**Ordnung: Falkenartige**
**(Falconiformes)**
Turmfalke

**Ordnung: Hühnervögel**
**(Galliformes)**
Auerhuhn
Fasan

**Ordnung: Rallen und Kranichvögel**
**(Gruiformes)**
Teichhuhn
Bläßhuhn

**Ordnung: Schnepfen-, Möwen- und Alkenvögel**
**(Charadriiformes)**
Waldschnepfe
Lachmöwe

**Ordnung: Taubenvögel**
**(Columbiformes)**
Hohltaube
Haustaube (Felsentaube)
Ringeltaube
Türkentaube

Ordnung: **Turakos und Kuckucke**
**(Cuculiformes)**
Kuckuck

Ordnung: **Eulen**
**(Strigiformes)**
Schleiereule
Uhu
Steinkauz
Waldkauz
Waldohreule

Ordnung: **Segler**
**(Apodiformes)**
Mauersegler

Ordnung: **Spechtvögel**
**(Piciformes)**
Grünspecht
Grauspecht
Buntspecht
Kleinspecht
Schwarzspecht
Wendehals

Ordnung: **Sperlingsvögel**
**(Passeriformes)**
Mehlschwalbe
Rauchschwalbe
Bachstelze
Gebirgstelze
Baumpieper
Neuntöter
Wasseramsel
Zaunkönig
Heckenbraunelle
Gelbspötter
Gartengrasmücke
Klappergrasmücke
Dorngrasmücke
Mönchsgrasmücke
Waldlaubsänger
Zilpzalp

Fitis
Wintergoldhähnchen
Sommergoldhähnchen
Grauschnäpper
Trauerschnäpper
Nachtigall
Rotkehlchen
Gartenrotschwanz
Hausrotschwanz
Singdrossel
Misteldrossel
Wacholderdrossel
Amsel
Schwanzmeise
Haubenmeise
Sumpfmeise
Blaumeise
Kohlmeise
Tannenmeise
Kleiber
Waldbaumläufer
Gartenbaumläufer
Goldammer
Buchfink
Bergfink
Grünling
Girlitz
Zeisig
Stieglitz
Hänfling
Fichtenkreuzschnabel
Kernbeißer
Gimpel
Haussperling
Feldsperling
Star
Pirol
Elster
Eichelhäher
Tannenhäher
Dohle
Rabenkrähe

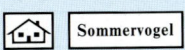

## Mauersegler
*Apus apus*   E Swift
Familie Segler   F Martinet noir

<u>Merkmale:</u> 16,5 cm lang, dunkles, rußfarbenes Gefieder mit hellem Kinn. Bestes Kennzeichen sind die langen, sichelförmigen Flügel und der kurze, gegabelte Schwanz. Sehr breite Mundspalte, zum Fangen von Insekten im Flug. Von den ähnlichen Schwalben durch den reißenden Flug unterschieden. Stets gesellig.

<u>Stimme:</u> Schrilles, langgezogenes „sriih"; auch mehrsilbige Rufe. Laut und auffällig.

<u>Vorkommen:</u> Ein typischer Bewohner kleiner und größerer Städte. Sommervogel, bei uns von April bis August.

<u>Nahrung:</u> Vor allem Insekten, die im Flug erbeutet werden; auch Spinnen. Bedroht durch sinkende Insektenbestände. Bei ungünstiger Witterung haben die Vögel Probleme, genügend Nahrung für die Jungen zu beschaffen.

<u>Brut:</u> Nest an und in Gebäuden, wird hoch über dem Boden in Mauerspalten, unter Dachrinnen und Dachziegeln angelegt. Eine Brut. Gelege 2 bis 3 weiße, glanzlose Eier; ab Mitte Mai.

### Ähnliche Art

In Süddeutschland brütet auch der mit 21 cm Länge größere Alpensegler (*Apus melba*). Er hat eine weiße Unterseite mit einem braunen Kropfband. Triller-Rufe, besonders im Gruppenflug.

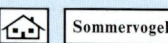
## Mehlschwalbe
*Delichon urbica*   E House Martin
Familie Schwalben   F Hirondelle de fenêtre

<u>Merkmale:</u> Mit knapp 13 cm kleiner als Rauchschwalbe. Oberseite wie bei der Rauchschwalbe metallisch blauschwarz. Von ihr durch die weiße Kehle, die durchgehend weiße Unterseite und den auffälligen weißen Bürzel unterschieden. Schwanz nur schwach gegabelt. Flug flatternder als bei Rauchschwalbe, mit vielen Gleitphasen. Gesellig.
<u>Stimme:</u> Ruft „prrt" oder „dschrrb". Gesang zwitschernd.
<u>Vorkommen:</u> In Dörfern und Städten. Sommervogel, bei uns von April bis Oktober.
<u>Nahrung:</u> Insekten. Nahrung wird im Flug erbeutet.
<u>Brut:</u> Nester bis auf halbrundes Einfluglochgeschlossene Halbkugel; aus Lehm und Pflanzenfasern, innen mit Federn und Halmen ausgepolstert. Nester unter Dachrinnen und -vorsprüngen. Meist in Gruppen oder kolonieartig brütend. 3 bis 5 weiße, fein gepunktete Eier. 2 bis 3 Bruten, Gelege ab Ende Mai.

### Hilfsmaßnahmen

Anbringen von Nisthilfen oder sogar künstlichen Nestern unter Dachvorsprüngen (Mehlschwalbe) bzw. im Inneren von Ställen und Scheunen (Rauchschwalbe). Bereitstellen von ständig feucht gehaltenen Lehmpfützen zum Sammeln des Baumaterials.

### Rauchschwalbe
*Hirundo rustica*    E Swallow
Familie Schwalben    F Hirondelle de cheminée

<u>Merkmale:</u> Mit 19 cm Länge größer als Mehlschwalbe. Dunkelblaue Oberseite, metallisch glänzend; Unterseite rahmfarben. Stirn und Kehle rostbraun gefärbt, blaues Kropfband. Schwanzfedern mit je einem weißen Fleck, auffallend lange Schwanzspieße. Eleganter, wendiger Flieger. Sitzt gerne singend auf Leitungsdrähten. Vor dem Abzug im Herbst versammeln sich die Schwalben truppweise. Im Herbst und Frühjahr große Schlafgemeinschaften (in Schilfbeständen).

<u>Stimme:</u> Ein helles „witt-witt", bei Gefahr durchdringend „tswitt", das auch gereiht wird. Gesang ein nicht sehr lautes, plauderndes Gezwitscher, in das harte, schnurrende Laute eingebaut sind.

<u>Vorkommen:</u> Weniger in Städten, vielmehr in Dörfern und auf einzeln stehenden Bauernhöfen. Nahrungssuche auch außerhalb der Siedlungen über Feldwegen, Wiesen und Gewässern. Sommervogel, April bis Oktober.

<u>Nahrung:</u> Fast ausschließlich Insekten; im Flug erbeutet.

<u>Brut:</u> Nistet im Gegensatz zur Mehlschwalbe stets im Inneren von Gebäuden. Nest aus Schlamm und Pflanzenteilen direkt an die Wände geklebt, oft aber auf Simsen, Deckenbalken. 4 bis 5 weiße Eier mit feiner rötlicher Fleckung. 2 bis 3 Bruten, Gelege ab Mitte Mai.

### Bachstelze

| | |
|---|---|
| *Motacilla alba* | E White Wagtail |
| Familie Pieper und Stelzen | F Bergeronnette grise |

**Merkmale:** Knapp 18 cm langer, schwarz-weiß-grau gefärbter Vogel mit feinem Schnabel und auffällig langem Schwanz. Oberseite grau, weiße Schwanzkanten. Kopfplatte, Kehle und Brust schwarz, Bauch weiß. Im Ruhekleid statt schwarzer Kehle und Brust nur schwarzes Brustband. Jungvögel insgesamt weniger kräftig gefärbt, mit grauem Kopf, weißer Kehle und dunkelgrauem Kropfband. Läuft trippelnd rasch umher und wippt dabei mit dem langen Schwanz (daher der volkstümliche Name „Wipsteert"!). Flug ausgeprägt wellenförmig.

**Stimme:** Kräftige „psitt"- oder „zilipp"-Rufe; bei Erregung auch scharf „zisiss". Gesang aus abgewandelten Rufen, zu einem leisen Zwitschern zusammengesetzt.

**Vorkommen:** In kleinen Ortschaften, aber auch im offenen Gelände, bisweilen in der Nähe von Gewässern. Außerhalb der Brutzeit auch auf Äckern. Jahresvogel, Ausweichen im Winter.

**Nahrung:** Kleintiere, überwiegend Insekten und Spinnen, die im Laufen oder kurzen Auffliegen erbeutet werden.

**Brut:** Halbhöhlenbrüter. Nest auf Balken, in Mauerlöchern, auch in Holzstößen und an ähnlich ungewöhnlichen Stellen; unordentlicher Bau aus Pflanzenmaterial. 5 bis 6 Eier, hellgrau, dicht dunkel gefleckt. 2 Bruten, Gelege ab Mitte April.

## Gebirgstelze
*Motacilla cinerea*
Familie Pieper und Stelzen

E Grey Wagtail
F Bergeronnette des ruisseaux

<u>Merkmale:</u> Mit knapp 18 cm Länge so groß wie Bachstelze. Körperbau ähnlich wie Bachstelze, aber gelb im Gefieder vorherrschend. Blaugraue Oberseite und gelbe Unterschwanzdecken. Brust- und Bauchgefieder leuchtend gelb. Männchen mit schwarzem Kinn und schwarzer Kehle im Sommer; weißer Überaugenstreif, weißer Bartstreif. Weibchen ähnlich, aber weißlichgraue Kehle. Läuft wie Bachstelze mit wippendem Schwanz. Wellenförmiger Flug.

<u>Stimme:</u> Ruf metallischer, Gesang abwechslungsreicher als bei der Bachstelze. Im Flug hart „ziss-ziss", Alarmruf schrill „sihiht".

<u>Vorkommen:</u> An sauberen, schnellfließenden Bächen und kleinen Flüssen, vor allem im Hügel- und Bergland, weniger im Tiefland. Auch an passenden Gewässern innerhalb von Dörfern und Städten. Teilzieher.

<u>Nahrung:</u> Hauptsächlich Insekten, Spinnen, kleine Krebse und Würmer. Am Boden oder in kurzem Fangflug erbeutet.

<u>Brut:</u> Nest in der Uferböschung der Gewässer, in Höhlungen an Brücken, in den Wänden von Wehren und Mühlen. Bau aus kleinen Zweigen und Halmen, Nestmulde mit Moos und Haaren ausgelegt. 4 bis 6 gelbliche oder bläuliche Eier mit hell rotbrauner Fleckung. Oft 2 Bruten, Gelege ab Ende März/Anfang April.

## Baumpieper
*Anthus trivialis*
Familie Pieper und Stelzen

E Tree Pipit
F Pipit des arbres

<u>Merkmale:</u> Gut 15 cm lang. Ein nicht sehr auffälliger Vogel mit brauner, dunkel gestreifter Oberseite und rahmfarbener Unterseite mit kräftigen Fleckenstreifen auf der Brust. Heller Überaugenstreif, weiße Schwanzkanten. Beine hell fleischfarben. Von den anderen Pieper-Arten vor allem am Gesang zu unterscheiden.

<u>Stimme:</u> Ruf „psih", bei Erregung wiederholte „sib"-Rufe. Auffällig ist der laute und wohlklingende Gesang. Er setzt sich aus langen Trillern zusammen, die in einem charakteristischen „zia-zia-zia" enden. Der Gesang wird entweder von einer erhöhten Singwarte, etwa einem Baumwipfel, aus vorgetragen oder aber im Singflug,

bei dem der Pieper von der Singwarte aufsteigt und dann wie ein kleiner Fallschirm mit ausgebreiteten Flügeln niedergleitet.

<u>Vorkommen:</u> Der einzige der europäischen Pieper, der regelmäßig im Wald (lichte Bestände, Lichtungen, Kahlschläge) anzutreffen ist. Auch auf Heideflächen. Sommervogel, bei uns von April bis Oktober.

<u>Nahrung:</u> Insekten, Spinnen und andere Kleintiere.

<u>Brut:</u> Das Nest steht gut versteckt am Boden, unter Farn und in hohem Gras; aus trockenen Halmen, Blättchen und Moos. 3 bis 6 dicht bräunlich gefleckte Eier. 2, ausnahmsweise auch 3 Bruten, Gelege ab Mai.

## Neuntöter, Rotrückenwürger
*Lanius collurio*  E Red-backed Shrike
Familie Würger  F Pie-grièche écorcheur

Merkmale: Gut 17 cm lang. Männchen mit rotbraunem Rükken, grauer Kopfplatte, grauem Hinterkopf und breitem schwarzen Augenstreifen. Unterseite weißlich-rötlich. Weibchen insgesamt unscheinbarer; brauner Rücken, braune Kopfplatte und graubrauner Hinterkopf, an den Flanken bräunliche Wellenflekken. Jungvögel ähnlich Weibchen. Schnabel mit Hakenspitze. Sitzt oft auf erhöhter Warte; schlägt Schwanz von einer Seite zur anderen.
Stimme: Rauh „gäck", erregt „dschääh". Gesang nicht sehr laut; abwechslungsreich, schwätzend, mit eingestreuten Imitationen der Stimmen anderer Vögel.

Vorkommen: Waldlichtungen, Waldränder, Hecken, Feldgehölze. Sommervogel, bei uns von April/Mai bis September.
Nahrung: Große Insekten, junge Mäuse, kleine Vögel, kleine Kriechtiere (Eidechsen). Überwiegend jagen Neuntöter von erhöhten Warten aus, auch im Rüttelflug. Spießen bei reichlichem Nahrungsangebot Beute als Vorrat auf Dornen auf.
Brut: Nest niedrig in Büschen, aus Zweigen und Halmen, innen mit Haaren, Moos und anderem feinen Pflanzenmaterial ausgepolstert. 4 bis 6 weißlich-grünliche Eier mit dunklem Fleckenkranz am stumpfen Pol. Eine Brut, Gelege ab Mai.

### Zaunkönig
*Troglodytes troglodytes*  E Wren
Familie Zaunkönige  F Troglodyte mignon

Merkmale: 9,5 cm lang; ein kleiner, rundlicher, brauner Vogel mit fast ständig gestelztem Schwanz. Oberseite kräftig braun, Unterseite heller braun; Flanken mit dunkelbrauner bis schwarzer Musterung. Äußerst lebhaft, knickst bei Erregung. Huscht wie eine Maus durch das Geäst von Büschen und niedrigen Bäumen und am Boden entlang. Geradliniger, schnurrender Flug.

Stimme: Rufe laut und hart „zick-zick-zick", bei Erregung auch schnurrend „zerr". Gesang auffallend laut; eine Reihe schmetternder Töne, in die Roller eingeschoben sind, endet mit einem höheren, scharfen Ton. Fast immer von exponierten Warten aus vorgetragen. Auch mitten im Winter zu hören.

Vorkommen: Gärten und Parks, Wälder, bevorzugt mit dichtem Unterwuchs. Teilzieher; viele Zaunkönige überwintern bei uns.

Nahrung: Kleintiere wie Insekten und Spinnen.

Brut: Kugelförmiges Nest aus Zweigen, Grashalmen und Moos, innen mit Haaren und Federn ausgepolstert; mit seitlichem Eingang. Am oder kurz über dem Boden im Gestrüpp, in Wurzeln umgestürzter Bäume, an Böschungen, in Mauerlöchern und an ähnlichen Stellen. 5 bis 7 weiße Eier mit wenigen rotbraunen oder schwarzen Punkten. 2 Bruten, Gelege ab April.

## Heckenbraunelle
*Prunella modularis*
Familie Braunellen

E Dunnock, Hedge Sparrow
F Accenteur mouchet

<u>Merkmale:</u> Knapp 15 cm langer Vogel, der weder durch seine Färbung noch durch seinen Gesang sonderlich auffällt. Oberseite dunkelbraun mit schwarzer Längsstreifung, Unterseite schiefergrau. Kopf und Hals ebenfalls schiefergrau (volkstümlicher Name „Bleikehlchen"!). Dünner Schnabel. Männchen und Weibchen gleich gefärbt. Oft in der Nähe von Deckung. Einzeln.

<u>Stimme:</u> Rufe ein hohes, pfeifendes „zieht" und ein feines rasch aufeinander folgendes „di-di-di". Gesang in der Struktur ähnlich wie der des Zaunkönigs, nur wesentlich leiser und fließender; eine auf- und absteigende Reihe von Tönen ohne Roller und Schmettern. Singt oft schon im ausgehenden Winter.

<u>Vorkommen:</u> Gärten, Friedhöfe, Hecken, Parks und junge Baumbestände in Wäldern. Vom Tiefland bis in Berglagen. Teilzieher; viele Heckenbraunellen überwintern bei uns.

<u>Nahrung:</u> Insekten und deren Larven, Spinnen, Würmer. Im Winter auch Sämereien (an Winterfütterungen). Nahrung wird fast immer am Boden gesucht.

<u>Brut:</u> Napfförmiges Nest in niedrigen Bäumen und Büschen, in Hecken und Reisighaufen; höchstens etwa 2 m über dem Boden. 4 bis 5 einheitlich blaue oder türkisfarbene Eier. 2 Bruten, Beginn der Eiablage Mitte April.

## Gelbspötter

*Hippolais icterina*   E Icterine Warbler
Familie Grasmücken   F Hypolaïs ictérine

<u>Merkmale:</u> Gut 13 cm lang. Kleiner, kräftig gebauter, auffallend gelbgrün gefärbter Vogel. Oberseite graugrün oder olivfarben, Unterseite gelblich. Gelblicher Überaugenstreif. Schnabel relativ breit und lang; Oberschnabel dunkel, Unterschnabel rötlich. Beine blaugrau bis blauschwarz. Sträubt bisweilen die Kopffedern.
<u>Stimme:</u> Ruf „dideroid", bei Erregung schnarrend „errr". Gesang recht laut, langanhaltend und abwechslungsreich, wohlklingende und mißtönende Passagen; Motive mehrmals wiederholt, mit eingestreuten knarrenden Rufen.
<u>Vorkommen:</u> Gärten, Friedhöfe, Parkanlagen, dichte, unterholzreiche Wälder mit nicht zu hohem Baumbestand. Sommervogel, bei uns von Mai bis August.
<u>Nahrung:</u> Insekten und deren Larven, Spinnen.
<u>Brut:</u> Nest mit tiefem Napf, aus Halmen, Wurzeln und Blättern; in dichtem Gebüsch, in Hecken und in Astgabeln niedriger Bäume. 3 bis 6 Eier, in der Grundfärbung blaß-rosa, mit wenigen dunklen Punkten und Flecken. Eine Brut, auch 2, Gelege ab Ende Mai.

### Stimme

Der Name „Spötter" besagt, daß im Gesang Stimmen anderer Vögel nachgeahmt (imitiert) werden.

### Gartengrasmücke
*Sylvia borin*
Familie Grasmücken

E Garden Warbler
F Fauvette des jardins

**Merkmale:** Ein 14 cm langer, unscheinbarer Vogel. Die Oberseite ist bräunlich, die Unterseite heller. Beine bleigrau. Von der Färbung her wird man also kaum auf den Vogel aufmerksam; eindeutig zu erkennen ist diese Grasmücke aber am Gesang.

**Stimme:** Lockrufe klingen wie „täck täck täck". Ängstliche Rufe „wät wät wät." Auch „tscharr". Lange anhaltender und wohlklingender Gesang mit kräftigen Flöten- und vollen Orgeltönen. Singt im Geäst der Bäume, aber auch im Unterholz.

**Vorkommen:** Laub- und Mischwälder mit reichhaltigem Unterwuchs, auch in Feldgehölzen mit gestuften Rändern und in Hecken, in Parks mit unterwuchsreichen Baumbeständen und Gebüschen (Brombeeren, Himbeeren, Brennesseln), kaum in Gärten. Sommervogel, bei uns von Ende April/Anfang Mai bis September/Oktober.

**Nahrung:** Insekten und Spinnen, im Spätsommer und Herbst auch Beeren.

**Brut:** Napfnest aus Halmen locker gebaut; niedrig über dem Boden (bis etwa 1 m), in dichten Pflanzenbeständen und in Gebüschen. 3 bis 5 variabel gefärbte Eier; Grundfarbe weißlich, braune und graue Flecken, am stumpfen Pol bisweilen verdichtet. Eine Brut, manchmal auch 2 Bruten; erste Gelege Mitte Mai.

## Klappergrasmücke
*Sylvia curruca*
Familie Grasmücken

E Lesser Whitethroat
F Fauvette babillarde

**Merkmale:** Mit 13,5 cm Länge die kleinste einheimische Grasmücke. Von der ähnlichen Dorngrasmücke durch die viel grauere Oberseite, die dunkler grauen Ohrpartien, die weißliche Unterseite und den kürzeren Schwanz zu unterscheiden. Weißliche Schwanzkanten.

**Stimme:** Rufe klingen wie hart „täck". Der Gesang ist charakteristisch: Einem leisen, zwitschernden Auftakt folgt ein lautes, unmelodisches Klappern. Singt meist in Deckung.

**Vorkommen:** Gärten und Parks mit Baum- und Buschbestand, auch an Waldrändern und in Feldgehölzen mit Buschgruppen und in Hecken. Sommervogel, bei uns von April bis Oktober.

**Nahrung:** Insekten und deren Larven, Spinnen; auch Beeren.

**Brut:** Das Napfnest aus Halmen und Wurzeln wird in niedriger Vegetation, in Gebüsch und Hecken angelegt. 3 bis 5 weißliche Eier mit sparsamer Sprenkelung. Eine Brut, bisweilen 2 Bruten, erste Gelege Anfang Mai.

### Name

Der Name „Klappergrasmücke" leitet sich von dem typischen Ende des Gesanges, das wie „millillill" klingt, ab. Der Gesang hat dem Vogel auch den volkstümlichen Namen „Müllerchen" eingetragen.

### Dorngrasmücke
*Sylvia communis*  E Whitethroat
Familie Grasmücken  F Fauvette grisette

**Merkmale:** Mit 14 cm Länge etwas größer als Klappergrasmücke. Auffällig die rostfarbenen Flügel. Männchen mit hellgrauer Kopfkappe, die sich bis unter die Augen und in den Nacken hinein zieht; weiße Kehle. Unterseite weißlich mit rötlichem Anflug. Weibchen insgesamt matter gefärbt; mit braunem Kopf und kaum rötlichem Anflug auf den Bauchseiten. Äußerste Schwanzfedern weißlich. Rastlos im Gebüsch von Zweig zu Zweig hüpfend.

**Stimme:** Rufe ein wiederholtes „tschäck", nasal „woid woid"; schimpft rauh „scharr". Gesang ein rauhes, aber durchaus melodisches Zwitschern, recht kurz und unvermittelt abbrechend; „didididroidazit"; wird häufig in kurzem Balzflug vorgetragen.

**Vorkommen:** Eher im offenen Gelände, in Gebüschgruppen, Hecken, Feldrainen, an Bahndämmen und gestuften Waldrändern. Sommervogel, bei uns von April bis September.

**Nahrung:** Insekten und deren Larven, auch Spinnen, Beeren.

**Brut:** Nest in dichter Pflanzendecke oder niedrigem Gebüsch, bis in etwa 0,70 m Höhe über dem Boden. 3 bis 6 weißlich-graue Eier mit grau-brauner Sprenkelung und dunklen Punkten und Flecken. In der Zeit zwischen Mai und Juli werden 2 Bruten großgezogen.

## Mönchsgrasmücke
*Sylvia atricapilla*  E Blackcap
Familie Grasmücken  F Fauvette à tête noire

Merkmale: 14 cm lang. Oberseite grünlich-bräunlich. Unterseite und die Seiten des Kopfes aschgrau, Bauch weißlich. Unterseite des Weibchens bräunlich. Das Männchen hat eine glänzendschwarze, das Weibchen eine rotbraune Kopfplatte, die jeweils bis zum Auge reicht. Kein Weiß im Schwanz. Lebt recht versteckt und fällt meist erst durch den Gesang auf.

Stimme: Rufe klingen „täck täck"; bei Erregung werden die Rufe wiederholt und klingen dann auch schnarrend. Der Gesang ist ein reichhaltiges Zwitschern, das aber weniger lange anhaltend als bei der Gartengrasmücke vorgetragen wird. Außerdem wird der Gesang mit einem lauten „Überschlag" aus reinen Flötentönen beendet.

Vorkommen: Gärten und Parks mit Büschen und Bäumen, auch Schonungen und Wälder mit reichlichem Unterwuchs. Sommervogel; bei uns von Mitte März bis Ende Oktober.

Nahrung: Insekten und deren Larven, Spinnen, Beeren.

Brut: Nest in dichter Vegetation in Bodennähe, auch in Büschen; die Halme werden um die Pflanze gelegt, das Nest so fest in der Vegetation verankert. 4 bis 6 Eier; sehr variabel, weißlicher, grauer oder bräunlicher Grund, aschgrau und dunkelbraun gefleckt. Eine Brut, ab Mai.

## Waldlaubsänger
*Phylloscopus sibilatrix*   E Wood Warbler
Familie Grasmücken   F Pouillot siffleur

<u>Merkmale:</u> Laubsänger sind überwiegend kleine, unscheinbar grünlich gefärbte Vögel, die man am besten am Gesang unterscheidet. Der Waldlaubsänger ist mit knapp 13 cm Länge der größte einheimische Laubsänger. Oberseite leuchtend gelbgrün, Kehle und Brust schwefelgelb, übrige Unterseite weißlich. Auffällig ist der breite gelbe Überaugenstreif. Beine und Schnabel hell hornfarben.

<u>Stimme:</u> Rufe klingen wie „düh, düh" und „wit, wit, wit". Der Gesang beginnt mit einer Folge von „düh-düh"-Tönen, denen eine Reihe von Rufen folgt, die wie „sib" klingen, schließlich endet der Gesang mit einem schnurrenden „sirrr"-Triller (Eselsbrücke: „Waldschwirrvogel").

<u>Vorkommen:</u> Überwiegend Laubwälder mit wenig Unterwuchs, typisch für Buchen-Hochwälder; aber auch in Mischbeständen, nur selten in Nadelwäldern. Sommervogel (Mitte April bis August/September).

<u>Nahrung:</u> Kleintiere wie Insekten und deren Larven, Spinnen.

<u>Brut:</u> Errichtet aus Blättern und Grashalmen ein fast kugeliges Nest mit großem seitlichem Eingang („Backofennest"). Das Nest steht gut getarnt am Boden in niedriger Vegetation. 5 bis 7 Eier, weiß mit vielen dunkel rotbraunen Punkten. Eine Brut, Gelege ab Anfang Mai.

## Zilpzalp, Weidenlaubsänger
*Phylloscopus collybita*　　E Chiffchaff
Familie Grasmücken　　　　F Pouillot véloce

**Merkmale:** Der Zilpzalp ist mit knapp 11 cm Länge kleiner als der Waldlaubsänger. Oberseite oliv-braun, Unterseite weißlich mit leichtem gelben Anflug. Sehr ähnlich Fitis, aber weniger deutlicher, gelbgrüner Überaugenstreif. Beine im Gegensatz zum Fitis schwärzlich. Im Gezweig der Bäume eifrig unterwegs.

**Stimme:** Die Rufe sind wenig aussagekräftig – „hüid". Der Gesang ist ebenso eintönig wie typisch; die „zilp, zalp, zalp, zilp, zilp, zalp"-Folge wird nicht sehr rasch vorgetragen. Dazwischen werden harte „trrrt-trrrt"-Laute eingeschoben.

**Vorkommen:** In großen Gärten, in Parks, in lichten, unterholzreichen Wäldern und in Feldgehölzen. Meist im höheren Gezweig und Geäst. Vom Tiefland bis in Berglagen. Sommervogel, in Mitteleuropa von März bis Ende Oktober.

**Nahrung:** Kleintiere wie Insekten und Spinnen, im Spätsommer und Herbst auch Beeren.

**Brut:** Errichtet aus Halmen, Moos und Wurzeln ein Backofennest, das innen mit reichlich Material, vor allem Federn, ausgepolstert wird. Meist gut versteckt am Boden zwischen Pflanzen oder in niedrigem Gezweig. 4 bis 6 Eier, weiß mit feinen gelblichen und bräunlichen Punkten. Eine Brut, häufig auch 2 Bruten. Gelege ab Ende April/Anfang Mai.

## Fitis, Fitislaubsänger
*Phylloscopus trochilus*
Familie Grasmücken

E Willow Warbler
F Pouillot fitis

<u>Merkmale:</u> Knapp 11 cm, so groß wie Zilpzalp. Beide Arten sind leicht zu verwechseln und draußen nur am Gesang eindeutig zu unterscheiden. Der Fitis hat wie der Zilpzalp eine olivbraune Oberseite und eine weißliche Unterseite mit gelbem Anflug, wirkt aber insgesamt etwas gelber als der Zilpzalp. Die Beine sind jedoch meist hellbraun, können aber auch dunkel wie beim Zilpzalp sein. Gelblicher Überaugenstreif.

<u>Stimme:</u> Rufe ähnlich wie bei Zilpzalp „hüid", jedoch zweisilbig. Der etwas schwermütig anmutende Gesang ist eine weichtönende Kadenz, die mit einem typischen Schnörkel abschließt.

<u>Vorkommen:</u> Größere Gärten und Parks mit Baumbestand, lichte Wälder und Waldränder, auch Feuchtwald und Ufergebüsch an Gewässern. Vom Tiefland bis ins Hochgebirge. Sommervogel, in Mitteleuropa von April bis September/Oktober.

<u>Nahrung:</u> Insekten und deren Larven, Spinnen, im Spätsommer und Herbst auch Beeren.

<u>Brut:</u> Backofennest aus Gras und anderen Pflanzenteilen, steht gut versteckt dicht am Boden zwischen den Pflanzen oder unter niedrigem Gebüsch. 5 bis 7 Eier, bei weißlicher Grundfärbung fein rötlich gefleckt. Gelege werden ab Anfang Mai gefunden. Eine oder 2 Bruten.

43

## Wintergoldhähnchen
*Regulus regulus*  ·  E Goldcrest
Familie Grasmücken  ·  F Roitelet huppé

<u>Merkmale:</u> Mit 9 cm Länge noch etwas kleiner als Zaunkönig und zusammen mit dem Sommergoldhähnchen kleinste Art der europäischen Vogelwelt. Neben der geringen Größe fällt die rundliche Gestalt auf. Oberseite olivgrün, Unterseite weißlich-grünlich. Im Flügel 2 weiße Binden und ein schwarzes Band. Wichtigstes Unterscheidungsmerkmal gegenüber dem Sommergoldhähnchen ist die Kopfzeichnung: leuchtend gelber Scheitel mit schwarzer Begrenzung, beim Männchen mit orangefarbenem Mittelstreifen, beim Weibchen mit gelblichem Mittelstreifen. Junge ohne diese Kopfzeichnung. <u>Stimme:</u> Häufig zu hören, aber sehr leise und fein. Rufe spitzes „sih-sih-sih". Gesang ein gereihter Doppelton, eilig dahinfließend, Zwitschern als Abschluß.

<u>Vorkommen:</u> Hauptsächlich in reinen Nadelwäldern und in Mischwäldern, auch in entsprechenden Baumbeständen in größeren Parks. Teilzieher; einzelne Vögel bleiben den Winter über bei uns, dann umherstreifend.

<u>Nahrung:</u> Kleine Insekten und Spinnen sowie deren Entwicklungsstadien.

<u>Brut:</u> Nest aus Moos, mit tiefer Mulde, wird unter den Spitzen der Zweige von Nadelbäumen oder in Astgabeln aufgehängt. 8 bis 10 weiße Eier mit feiner brauner Fleckung. 2 Bruten, ab Mai.

## Sommergoldhähnchen
*Regulus ignicapillus*    E Firecrest
Familie Grasmücken    F Roitelet triple

Merkmale: 9 cm lang, so groß wie Wintergoldhähnchen. Oberseite grüner, Unterseite heller als bei Wintergoldhähnchen. Wichtigstes Unterscheidungsmerkmal: schwarzer Augenstreif, weißer Überaugenstreif, Scheitel leuchtend gelb und orange, schwarz eingefaßt. Beim Weibchen Scheitel nur gelb. Jungen fehlt die Kopfzeichnung, bis auf den dunklen Strich durch das Auge. Turnen geschickt durch das Gezweig.

Stimme: Häufig zu hörendes, spitzes „sih-sih-sih", aber tiefer als bei Wintergoldhähnchen. Der Gesang ist eine einfache Wiederholung eines Wispertones mit deutlichem Schlag oder Triller am Ende, etwa „sisisisisisisia"; am Ende also etwas ansteigend und anschwellend.

Vorkommen: Hauptsächlich Nadelwälder, daneben aber auch Mischwälder, Baumbestände in größeren Parks und auf Friedhöfen; öfter in niedrigem Gebüsch als Wintergoldhähnchen. Teilzieher, die meisten Vögel sind nur von März bis Oktober bei uns.

Nahrung: Kleine Insekten und deren Larven, Spinnen.

Brut: Dickwandige Hängenester aus Moos, Haaren und Gespinst mit tiefem Napf; werden an den Unterseiten der Zweige von Nadelbäumen und in Astgabeln angelegt. 8 bis 10 Eier, weiß mit feinen, braunen Flecken. 2 Bruten, Gelegebeginn Mai.

### Grauschnäpper
*Muscicapa striata*   E Spotted Flycatcher
Familie Sänger   F Gobe-mouche gris

**Merkmale:** Der 14 cm lange Vogel fällt zunächst durch seine aufrechte Sitzhaltung auf. Das Gefieder ist unscheinbar: dunkel graubrauner Rücken, weißliche Unterseite, Kehle fein dunkel gestrichelt, Brust mit verwaschenen, dunklen Fleckenstreifen. Zuckt häufig mit dem Schwanz und den Flügeln.

**Stimme:** Rufe scharf „pst" oder dünn „zieh", bei Erregung schnell „zi-tek-tek". Der wenig auffallende Gesang ist eine Reihe von dünnen Tönen: „sip-sip-sip-sitti-sih-sih" oder „zi-zi-sri-srii-tsr".

**Vorkommen:** Gärten, Parks, auch Feldgehölze und lichte Laub- und Mischwälder (Waldränder). Sommervogel, April bis September.

**Nahrung:** Insekten, die im Flug erbeutet werden; der Vogel sitzt exponiert und startet von dort seine gewandten Flatterflüge, um Beute zu machen.

**Brut:** Brütet in Halbhöhlen (Baumhöhlen, Mauerlöchern, unter Dachvorsprüngen). Lockeres Nest aus Pflanzenmaterial, Haaren und Federn. 4 bis 6 weißliche Eier mit lebhafter bräunlicher Fleckung. Eine Brut, ab Mai.

**Hilfsmaßnahmen**

Dem Grauschnäpper kann man durch Aufhängen von Halbhöhlen-Nistkästen neue Brutmöglichkeiten schaffen.

## Trauerschnäpper
*Ficedula hypoleuca*    E Pied Flycatcher
Familie Sänger    F Gobe-mouche noir

**Merkmale:** Knapp 13 cm lang, etwas kleiner als Grauschnäpper. Brutkleid kontrastreich gefärbt; mit graubrauner (Mitteleuropa) oder schwarzer (übriges Europa) Oberseite und weißer Unterseite, weißem Stirn- und hellem Flügelfleck. Weibchen mit graubrauner Oberseite und kleinerem Flügelfleck, insgesamt weniger kontrastreich gefärbt.

**Stimme:** Rufe ein metallisch klingendes „bitt", häufig auch anhaltend „tik, tik, tik". Der Gesang setzt sich aus zwei auf- und absteigenden Tönen zusammen, etwa „wu-ti-wuti-wuti" klingend; er wird meist von Singwarten aus vorgetragen.

**Vorkommen:** Gärten, Parkanlagen, Feldgehölze, Laub- und Mischwälder. Sommervogel, bei uns von April bis September.

**Nahrung:** Jagt von einem Ansitz aus fliegende Insekten.

**Brut:** Nistet in Höhlen (Bäume oder Nistkästen), unordentliches Nest aus Grashalmen, Blättern und Moos. 4 bis 7 bläuliche oder grünliche Eier. Eine Brut, ab Mai.

---

**Ähnliche Art**

Ähnlich ist der mehr südlich verbreitete Halsbandschnäpper (*Ficedula albicollis*), der aber ein weißes Halsband und einen größeren Flügelfleck als der Trauerschnäpper zeigt.

## Nachtigall

*Luscinia megarhynchos*      E Nightingale
Familie Sänger      F Rossignol philomèle

Merkmale: 16,5 cm lang. Oberseite einfarbig braun, Unterseite heller, graubraun. Schwanz rotbraun, wird oft gestelzt. Geschlechter gleich gefärbt.

Stimme: Rufe weich „huit", bei Erregung auch rauh „karr". Der Gesang beginnt mit einer ansteigenden Folge von „dü, dü, dü"-Rufen, lauter und schneller werdend und in schluchzendem Schmettern endend.

Vorkommen: Größere, verwilderte Gärten, Friedhöfe, Parks mit feuchten Dickichten, Laub- und Mischwälder mit reichem Unterwuchs. Überwiegend im Tiefland. Sommervogel, bei uns von April bis Oktober.

Nahrung: Die Nachtigall sucht ihre Nahrung am Boden. Sie besteht aus Insekten und anderen Kleintieren; auch Beeren.

Brut: Nest am Boden angelegt, versteckt in dichtem, kriechendem Gesträuch und ähnlich dichter Vegetation. 4 bis 6 olivbraune Eier, eine Brut, Gelege ab Mai.

### Ähnliche Art

Nach Osten hin wird die Nachtigall durch den Sprosser (*Luscinia luscinia*) ersetzt. Gegenüber der Nachtigall ist der Sprosser mehr olivbraun gefärbt und hat eine bräunlich gewölbte Brust. Dem Gesang fehlt der ansteigende „dü, dü, dü"-Teil.

## Rotkehlchen
*Erithacus rubecula*    E Robin
Familie Sänger    F Rouge-gorge familier

<u>Merkmale:</u> 14 cm lang. Rundlich erscheinend, besonders bei Kälte, wenn sich der Vogel aufplustert. Oberseite einfarbig olivbraun, Unterseite graubraun; Brust, Kopfseiten und Stirn satt orange gefärbt, bläulich begrenzt. Jungvögel ohne rote Kehle, Gefieder dunkelbraun und gelbbraun gefleckt, Brust bräunlich gewölkt. Häufig mit Schwanz und Flügeln zuckend. Oft am Boden.

<u>Stimme:</u> Rufe ein scharfes „zick", oft zu einem „Schnickern" gereiht, daneben dünn „zieh". Der abwechslungsreiche, schwermütig wirkende Gesang beginnt mit hohen, scharfen Tönen und endet mit flötenden und perlenden, abfallenden Passagen; wird fast immer von exponierten Singwarten aus vorgetragen, sowohl tagsüber als auch noch in der Dämmerung. Die Vögel beginnen schon im ausgehenden Winter zu singen.

<u>Vorkommen:</u> Größere Gärten, Parks, Laub-, Misch- und Nadelwälder mit Unterwuchs. Teilzieher; viele Rotkehlchen bleiben im Winter bei uns und erscheinen dann auch an Futterstellen.

<u>Nahrung:</u> Insekten, Würmer, Schnecken und andere Kleintiere; Beeren und Früchte.

<u>Brut:</u> Nest aus Pflanzenmaterial, wird zwischen Baumwurzeln und in anderen Höhlungen angelegt. 5 bis 7 helle Eier mit variabler dunkler Fleckung. 2 Bruten, Gelege ab Ende April/Anfang Mai.

**Sommervogel**

## Gartenrotschwanz

*Phoenicurus phoenicurus*
Familie Sänger

E Redstart
F Rouge-queue à front blanc

<u>Merkmale:</u> 14 cm lang. Männchen mit graublauer Ober- und rostorangefarbener Unterseite. Weiße Stirn, schwarze Kopfseiten, schwarze Kehle; Bürzel und Schwanz rostrot. Weibchen unscheinbarer; Rücken graubraun, Unterseite gelblichbraun, Kopfzeichnung fehlt. Aufrechte Sitzhaltung, Knicksen, häufig zitternde Bewegungen des Schwanzes.
<u>Stimme:</u> Ruft „fuid" oder „fuid-tekk-tekk". Gesang mit einem gedehnten, hohen Ton beginnend, dem einige kürzere und tiefere Töne folgen, weiter klingelnde Passagen, rauhe Töne und Imitationen mit einem schwachen Triller endend.
<u>Vorkommen:</u> Gärten in Dörfern und Städten, Parks, Obstbaumbestände, Waldränder. Sommervogel (April bis Oktober).
<u>Nahrung:</u> Insekten und deren Larven, Spinnen; Beute oft vom Ansitz aus ergriffen.
<u>Brut:</u> Nest in Höhlen, sowohl in Baumhöhlen wie auch in Hohlräumen in Mauerwerk, an Dachbalken und ähnlichen Stellen. 5 bis 7 bläulich-grüne Eier, häufig 2 Bruten ab Anfang Mai.

**Hilfsmaßnahmen**

Im Garten aufgehängte Nistkästen und Halbhöhlen werden von den Rotschwänzen gerne angenommen.

## Hausrotschwanz
*Phoenicurus ochruros*
Familie Sänger

E Black Redstart
F Rouge-queue noir

<u>Merkmale:</u> Mit 14 cm Länge so groß wie Gartenrotschwanz. Von diesem durch die in beiden Geschlechtern insgesamt düstere Färbung unterschieden. Männchen haben eine grauschwarze Oberseite; Brust schwärzlich, Stirn hellgrau. Weibchen denen des Gartenrotschwanzes ähnlich, aber eher düster graubraun. Auffällig der rostrote Bürzel und der häufig zitternde rostrote Schwanz. Aufrechte Sitzhaltung.

<u>Stimme:</u> Rufe kurz „tsip" oder auch hart „hid-tekk-tekk", auch allein „tekk", härter als bei Gartenrotschwanz. Gesang recht einfach, eine Strophe mit 4 bis 5 gleich hohen Tönen, der eine Strophe mit gepreßten, kratzen-den Zischlauten folgt (klingen wie Kurzschlüsse bei elektrischem Strom); wird von Hausgiebeln oder Antennen aus vorgetragen. Singt oft schon in der ersten Morgendämmerung.

<u>Vorkommen:</u> Ursprünglich reiner Felsbrüter (Steinbrüche, Klippen und felsige Hänge), heute auch in Dörfern und Städten um die Häuser herum. Sommervogel, bei uns von März bis Oktober.

<u>Nahrung:</u> Insekten, Spinnen, auch Beeren.

<u>Brut:</u> Nest aus Pflanzenmaterial in Felslöchern, Höhlungen von Mauern, unter Dachvorsprüngen, auf Balken, auch in Nistkästen. 4 bis 6 weißliche Eier. 2 Bruten, ab April.

## Schwanzmeise

*Aegithalos caudatus*
Familie Schwanzmeisen

E Long-tailed Tit
F Mésange à longue queue

<u>Merkmale:</u> 14 cm lang. Oberseite schwarz und rötlich mit etwas Weiß, Unterseite weißlich mit rötlichem Anflug an den Flanken und am Bauch. Kopf je nach Rasse einheitlich weiß oder weiß mit breitem, schwarzem oder braunem Streifen über dem Auge.
<u>Stimme:</u> Rufe fein „si-si-si" oder wiederholt schnurrend „tserrp"; im Flug wiederholt leise „pt, pt". Gesang ein Gemisch aus den Rufen und „si-si-siu"-Passagen.
<u>Vorkommen:</u> Große Gärten, Parks mit gebüschreichen Wald-inseln, Weidendickichte in Feuchtgebieten, Laub- und Mischwälder mit reichlichem Unterwuchs. Teilzieher; im Winter in Trupps umherstreifend.
<u>Nahrung:</u> Insekten und deren Larven, Spinnen.
<u>Brut:</u> Nest ein kunstvoll geflochtener und gewebter, eiförmiger Bau aus feinen Pflanzenteilen, Insektengespinsten und Federn. Meist niedrig im Gebüsch, aber auch in Bäumen. 8 bis 12 weißliche Eier. Eine Brut, Gelege ab Ende März/Anfang April.

### Name

Schwanzmeisen heißen auf Grund des rundlichen Körpers und des unverhältnismäßig (8 cm) langen, gestuften Schwanzes im Volksmund „Pfannenstielchen".

  Jahresvogel

## Haubenmeise
*Parus cristatus*     E Crested Tit
Familie Meisen        F Mésange huppée

<u>Merkmale:</u> 11,5 cm lang. Oberseite graubraun, Unterseite weißlich mit rahmfarbenen Seiten. Leicht und eindeutig an der auffälligen, schwarz-weiß gesprenkelten Haube und den hellen, schwarz eingefaßten Kopfseiten mit dem schwarzen, geschwungenen Streifen zu erkennen. Schwarzer Kehlfleck, übergehend in die Streifen am Kopf. Meist hoch in Nadelbäumen.

<u>Stimme:</u> Rufe sehr gutes Bestimmungsmerkmal, eindeutig „zizigürr", auch nur schnurrendes „gürr-r". Der lebhafte Gesang ist eine Folge der arteigenen Rufe.

<u>Vorkommen:</u> Überwiegend Nadelwälder, aber auch Mischwälder mit entsprechendem Nadelholzanteil, Parks mit Nadelbaumbeständen; vom Tiefland bis an die Baumgrenze im Hochgebirge. Jahresvogel; im Winter auch in Gärten (Futterhaus).

<u>Nahrung:</u> Insekten und deren Entwicklungsstadien, Samen (hauptsächlich von Nadelbäumen); am Futterplatz Samen und Talg.

<u>Brut:</u> Meisen sind überwiegend Höhlenbrüter. Die Haubenmeise baut ihr Nest meist in hohle Bäume, ausgefaulte Astlöcher oder vermodernde Baumstümpfe; zimmert ihre Höhlen selbst. Brütet auch in Nistkästen. 5 bis 9 weiße Eier, fein rotbraun, am stumpfen Pol oft etwas dichter gefleckt. Ab April 2 Bruten.

Jahresvogel

### Sumpfmeise
*Parus palustris*      E Marsh Tit
Familie Meisen        F Mésange nonnette

<u>Merkmale:</u> 11,5 cm lang. Unscheinbar graubraunes Gefieder, aber an der glänzend schwarzen Kopfplatte und der schwarzen Kehle leicht zu erkennen. Oberseite dunkler braun als Unterseite, Kopfseiten und Brust weißlich, Flanken gelblich-braun. Geschlechter gleich gefärbt.
<u>Stimme:</u> Rufe typisch „pistjä", bei Erregung „zjä-dä-dä". Der Reviergesang ist ein einförmig klappernd vorgetragenes „zje-zje-zje" oder „ziwuid-ziwuid".

<u>Vorkommen:</u> Gärten, Obstbaumbestände, Parks, Heckengelände, Feldgehölze, Laubwälder im Tiefland. Jahresvogel; im Winter umherstreifend (Futterplatz).
<u>Nahrung:</u> Insekten, Spinnen und andere Kleintiere, Samen.
<u>Brut:</u> Nistet in Baumhöhlen, nimmt auch Nistkästen an. Nest aus Moos, Haaren und Federn zusammengebaut. 6 bis 10 weißliche Eier, rötliche, am stumpfen Pol verdichtete Fleckung. Eine Brut, Gelege ab April.

#### Ähnliche Art

In feuchtem, mit Büschen und Bäumen bestandenem Gelände trifft man die sehr ähnliche Weidenmeise (*Parus montanus*) an. Sie hat eine mattschwarze Kopfplatte und ein helles Feld im Flügel. Typisch sind ihre gedehnten „däh"-, auch „zi-zi-däh-däh"-Rufe.

| **Blaumeise** | |
|---|---|
| *Parus caeruleus* | E Blue Tit |
| Familie Meisen | F Mésange bleue |

**Merkmale:** 11,5 cm lang. Rücken olivgrün, Unterseite gelb mit dunklem Fleck in der Mitte. Kopfplatte, Flügel und Schwanz lebhaft blau. Weißliche Kopfseiten, weißliche Stirn, schwarzer Augenstreif, blauschwarzes Kinn geht in schwarzes Band um die hellen Kopfseiten über. Junge matter, mehr grünlich-gelblich, mit gelben Kopfseiten. Ein lebhafter Vogel, der geschickt in den Zweigen herumturnt.

**Stimme:** Rufe klingen wie „tsi-tsi-tsi-tsit", bei Erregung auch ansteigend „zerretetet", daneben „tsi-tsi-tsi". Der Gesang beginnt meist mit „zi-zi", dem eine helle, trillernde Passage folgt, die wie „zirrr" klingt, also „zi-zi-zirrr".

**Vorkommen:** Gärten und Parks, Feldgehölze, Laub- und Mischwälder. Jahresvogel; streift im Winter weit umher, oft in gemischten Schwärmen; häufig am Futterhaus.

**Nahrung:** Insekten und deren Larven, Spinnen und andere Kleintiere, daneben Samen und Talg.

**Brut:** Nest aus weichem Pflanzenmaterial, Moos, Haaren und Federn gebaut, steht in natürlichen oder künstlichen Höhlen. Höhlen in Bäumen werden ebenso angenommen wie Nistkästen, aber auch Hohlräume in Mauern, Briefkästen u. ä.; 7 bis 13 Eier, weiß mit rötlichen Flecken. Eine Brut, Legebeginn Mitte April.

## Kohlmeise
*Parus major*　　　E Great Tit
Familie Meisen　　F Mésange charbonnière

**Merkmale:** Mit 14 cm Länge die größte unter den einheimischen Meisen. Oberseite olivgrün; Kopfplatte und Hals glänzend blauschwarz gefärbt, Wangen weiß, blauschwarz eingefaßt, weißes Band in den Flügeln, weiße Schwanzkanten. Unterseite gelb mit einem schwarzen Längsstreifen in der Mitte. Streifen beim Weibchen schmaler und kürzer als beim Männchen.

**Stimme:** Rufe teilweise ähnlich wie Buchfink „pink, pink" (daher volkstümlich auch „Finkmeise" genannt!), teilweise typisch „zizidäh" oder kürzer „zidäh"; in Erregung ähnlich wie Blaumeise, aber kräftiger, „trärretetet". Gesang aus „zizidäh"-Rufen.

**Vorkommen:** In Gärten und Parks überall zu beobachten, auch mitten in großen Städten. Daneben an Hecken, in Feldgehölzen, in Laub- und Mischwäldern. Jahresvogel; im Winter regelmäßig am Futterhaus.

**Nahrung:** Kleintiere (Insekten und deren Larven, Spinnen) und Samen.

**Brut:** Höhlenbrüter, der sowohl natürliche wie alle möglichen künstlichen Höhlen bezieht: Baumhöhlen und Nistkästen, aber auch Hohlräume in Mauern, Briefkästen und ähnliche Höhlungen. 6 bis 12 Eier, weißlicher Grund, rötliche Flecken. Meist nur eine Brut, Gelege ab Ende März/Anfang April.

### Tannenmeise
*Parus ater*    E Coal Tit
Familie Meisen    F Mésange noire

**Merkmale:** Mit knapp 11 cm kleiner als Kohlmeise. Auf den ersten Blick recht leicht mit Kohlmeise zu verwechseln, aber insgesamt weniger Gelb im Gefieder, wirkt mehr rauchig. Oberseite olivgrau, Unterseite gelblich bis weißlich. Kopfzeichnung ähnlich Kohlmeise; Kopfplatte schwarz, weiße, schwarz eingefaßte Kopfseiten, aber weißer, schwarz begrenzter Nackenfleck. Mit schwarzem Kehllatz; der schwarze Längsstreifen auf Brust und Bauch fehlt. Turnt geschickt in den Zweigen.
**Stimme:** Rufe hoch und fein „tsi", auch wiederholt „tsi-tsi-tsi", bei Erregung hoch „sitjü". Der Gesang ist ein typisches, schnelles, leicht wetzendes „wize-wize-wi-ze"; das ganze Jahr über zu hören.
**Vorkommen:** Hauptsächlich Nadelwälder, auch in großen Parks und großen Gärten mit reichlichem Nadelbaumbestand; von tiefen Lagen bis ins Hochgebirge (Baumgrenze). Jahresvogel, außerhalb der Brutzeit umherstreifend.
**Nahrung:** Insekten und deren Larven, Spinnen, kleine Samen.
**Brut:** Baut ein Nest aus Moos und anderem feinen Pflanzenmaterial, Tiergespinsten und Haaren; in Baumstümpfen und Erdhöhlen, in Baumhöhlen in niedriger Höhe und in Nistkästen. 6 bis 10 Eier, auf weißlichem Grund feine, rötliche Flecken. Meist 2 Bruten, Gelege ab Ende März/Anfang April.

## Kleiber
*Sitta europaea*
Familie Spechtmeisen

E Nuthatch
F Sittelle torchepot

<u>Merkmale:</u> 14 cm lang. Ein untersetzter, gedrungen gebauter Vogel mit einem kurzen Schwanz. Läuft geschickt an Baumstämmen empor, ohne dabei den Schwanz als Stütze zu benutzen. Kann als einziger mitteleuropäischer Vogel auch stammabwärts laufen. Oberseite graublau, Unterseite rostgelb. Kopfplatte blaugrau, deutlicher schwarzer Augenstreif, weißliche Kehle. Hämmert wie die Spechte mit dem kräftigen Schnabel in der Rinde (daher der volkstümliche Name „Spechtmeise"!).

<u>Stimme:</u> Rufe laut, metallisch „twiht, twiht", auch trillernde „tsirr"-Laute. Der Gesang ist ein lautes, unüberhörbares pfeifendes „tüh", auch ein längeres „tüi-tüi-trirr".

<u>Vorkommen:</u> Gärten und Parkanlagen, vor allem aber Laubwälder, weniger Mischwälder; vom Tiefland bis ins Gebirge. Jahresvogel; im Winter umherstreifend, dann auch am Futterplatz.

<u>Nahrung:</u> Kleintiere und Samen.

<u>Brut:</u> Höhlenbrüter; auf Baumhöhlen (Spechthöhlen) angewiesen, daher meist in alten Baumbeständen; nur selten in Nistkästen. Zu große Eingangslöcher verkleinert der Vogel mit feuchtem Lehm (daher der Name: Kleiber = Kleber – verklebt das Einflugloch!). 5 bis 9 weißliche Eier mit rötlichen und bräunlichen Flekken. Eine Brut, Gelege ab April.

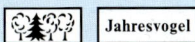
## Waldbaumläufer
*Certhia familiaris*   E Tree Creeper
Familie Baumläufer   F Grimpereau des bois

Merkmale: Baumläufer sind kleine, zierlich gebaute Vögel, die an Baumstämmen Nahrung suchen. Stützen sich dabei mit dem relativ langen, steifen Schwanz ab. Im Gegensatz zum Kleiber klettern sie die Stämme nur ruckweise in Spiralen aufwärts. Der Waldbaumläufer bleibt unter 13 cm Länge. Oberseite braun, mit rahmfarbenen oder weißlichen Streifen und Flecken. Oberkopf hell längs gestreift, weißlicher Überaugenstreif. Unterseite silbrig weiß. Schnabel relativ lang und dünn, gebogen.

Stimme: Rufe dünn, hoch „srieh" oder „sit", auch gereiht. Gesang nicht sehr laut, beginnt mit einer längeren, abfallenden Passage aus Gezwitscher, Trillern und Pfeiftönen, dem eine wieder ansteigende Reihe von Tönen folgt.

Vorkommen: Große Gärten mit Baumbestand, Parks und vor allem Wälder bis an die Baumgrenze. Jahresvogel; außerhalb der Brutzeit umherstreifend.

Nahrung: Kleintiere (Insekten und deren Larven, Spinnen), die sich in der Borke von Bäumen verborgen halten; auch Samen.

Brut: Nest aus kleinen Zweigen, Moos und anderem Pflanzenmaterial; hinter abstehenden Rindenstücken, in Baumspalten, auch in künstlichen Nisthöhlen. 5 bis 7 weiße Eier mit roten und braunen Flecken. Eine Brut, Legebeginn April.

## Gartenbaumläufer
*Certhia brachydactyla*
Familie Baumläufer

E Short-toed Tree Creeper
F Grimpereau des jardins

<u>Merkmale:</u> Unter 13 cm lang, also so groß wie Waldbaumläufer. Von diesem äußerlich kaum sicher zu unterscheiden. Ober- und Unterseite ähnlich gefärbt, Flanken bräunlicher, Überaugenstreif weniger deutlich ausgeprägt, Bürzel weniger rostfarben als beim Waldbaumläufer. Schnabel etwas länger, Zehen etwas kürzer als beim Waldbaumläufer. Bestes Unterscheidungsmerkmal sind vertikale Verbreitung und Stimme.
<u>Stimme:</u> Rufe einzeln oder gereiht, kräftig „tit". Der Gesang ist kürzer und kräftiger als der des Waldbaumläufers, ein rhythmisches „tütteroittitt".
<u>Vorkommen:</u> Gärten, Obstbaumbestände, Parkanlagen, Laubwälder mit nicht zu dichtem Baumbestand, seltener Nadelwälder. In den Gebirgen ab etwa 1000 m Höhe fehlend. Jahresvogel.
<u>Nahrung:</u> In der Rinde von Bäumen lebende Kleintiere, Samen.
<u>Brut:</u> Nest aus Pflanzenmaterial, innen mit Federn gepolstert; hinter abstehenden Rindenstücken, in Baum- und Mauerspalten. 5 bis 7 Eier, weiß, braun und rot gefleckt; eine Brut, Gelege ab April.

**Hilfsmaßnahmen**

Baumläufern kann man spezielle Baumläuferhöhlen mit seitlichem Einschlupfschlitz zum Brüten anbieten.

## Goldammer
*Emberiza citrinella*     E Yellowhammer
Familie Ammern     F Bruant jaune

<u>Merkmale:</u> Mit 16,5 cm Länge ein wenig größer als Haussperling. Im Körperbau den Sperlingen und Finken ähnlich. Beim Männchen Kopf und Unterseite zitronengelb gefärbt; Kopf mit feinen grünlich-bräunlichen Streifen. Rücken braun, dunkel gestreift; Flanken braun gestreift. Auffällig der hell rotbraune Bürzel und die weißen Schwanzkanten. Weibchen und Jungvögel insgesamt weniger gelb im Gefieder.
<u>Stimme:</u> Ruft häufig „zirk", auch „tirr". Gesang aus zizizizi-zihe"-klingenden Strophen. Von exponierter Singwarte aus vorgetragen.
<u>Vorkommen:</u> Mehr ein Vogel der offenen Landschaft; in Hecken, aber auch an Waldrändern und in Schonungen. Teilzieher; im Winter umherstreifend.
<u>Nahrung:</u> Kleintiere, Knospen und Samen (Getreidekörner).
<u>Brut:</u> Nest aus Grashalmen, Stengeln und Moos, das am Boden oder nur wenig darüber in Hecken und an den Rändern von Gräben angelegt wird. 3 bis 5 Eier, weißlich mit grauen und rötlichen Flecken und feinen Linien. Ab April 2 Bruten.

---
**Stimme**

Den Gesang der Goldammer kann man sich leicht einprägen; man kann ihn mit „wie, wie, wie hab ich dich lieb" übersetzen.

---

## Buchfink
*Fringilla coelebs*   E Chaffinch
Familie Finken   F Pinson des arbres

Merkmale: Gut 15 cm lang. Das Männchen erkennt man leicht an dem überwiegend kastanienbraunen Gefieder mit der blaugrauen Kopf- und Nackenpartie, dem grünlichen Bürzel und den beiden breiten weißen Flügelbinden. Schnabel in der Brutzeit blau, sonst hornfarben; weiße Schwanzkanten. Die beiden Flügelbinden weist auch das Weibchen auf, das sonst im ganzen grünlich gefärbt ist; die Oberseite ist olivfarben, die Unterseite heller.

Stimme: Der Ruf ist ein kräftiges „pink", auch ein weiches „hüid". Der Gesang („Schlag") setzt sich aus etwa einem Dutzend kräftiger Schmettertöne zusammen, die abfallen und in einem Schnörkel enden, etwa „zi zi zi zi teroitit" klingend; in geringem zeitlichen Abstand wiederholt.

Vorkommen: Überall häufig in Gärten und Parks, Feldgehölzen und Wäldern. Teilzieher; außerhalb der Brutzeit gesellig. Überwinternde Buchfinken sind fast ausschließlich Männchen.

Nahrung: Knospen, Beeren, Samen, Getreidekörner und Kleintiere.

Brut: Kunstvolles Napfnest aus Moos, Flechten, Grashalmen und Spinnweben; meist nicht sehr hoch in Bäumen oder Büschen. 4 bis 6 Eier, zartblau, dicht braun und rosa gefleckt. Eine Brut, oft auch 2 Bruten, Gelege ab April.

## Bergfink
*Fringilla montifringilla*
Familie Finken

E Brambling
F Pinson du nord

**Merkmale:** Mit knapp 15 cm nur wenig kleiner als Buchfink. Von diesem am besten an dem weißen – nicht grünlichen – Bürzel zu unterscheiden; vor allem deutlich zu sehen, wenn die Vögel auffliegen. Männchen mit orangefarbener Brust und Schulterpartie, Bauch weiß, 2 weiße Flügelbinden, keine weißen Schwanzkanten. Im Ruhekleid (siehe Foto) zeigt das Männchen auf dem Rükken eine braune Schuppung; Kopf dann schwarzbraun, orange durchsetzt. Männchen im Brutkleid mit kräftig blauschwarz gefärbtem Kopf und Vorderrücken. Weibchen insgesamt Männchen im Ruhekleid ähnlich.

**Stimme:** Rufe typisch, gedehnt, etwas gequetscht „dschäh", beim Auffliegen auch gereiht. Der Gesang ist eine Folge von kratzenden, gequetschten und scheppernden Tönen.

**Vorkommen:** In Mitteleuropa nur Wintergast (Anfang Oktober bis Ende April), der bisweilen in großen Massen auftritt; dann gerne in Buchenwäldern oder auf Feldern, auch in Parks und Gärten, an Futterstellen. Brutvogel in Birken- und Nadelwäldern im Norden.

**Nahrung:** Kleintiere und Samen, auf dem Zug gerne Bucheckern.

**Brut:** Nest aus Pflanzenmaterial und Federn, meist auf Birken, nur wenige Meter über dem Erdboden. 5 bis 6 Eier, hellblau mit dichter Fleckung. Gelege ab Mai.

## Grünling, Grünfink
*Chloris chloris*   E Greenfinch
Familie Finken   F Verdier d'Europe

**Merkmale:** Knapp 15 cm lang, wie Buchfink. Männchen sind olivgrün gefärbt, mit auffällig gelbem Flügelfeld, mit gelbgrünem Bürzel und gelben Seiten im vorderen Teil des Schwanzes. Weibchen insgesamt matter und weniger gelb in der Gefiederfärbung als Männchen, eher graugrün. Kräftiger, kegelförmiger Schnabel, weißlich gefärbt.

**Stimme:** Ruft beim Abflug klingelnd „gigig", sonst auch langgezogenes, rauhes „ihtsch". Der Gesang setzt sich aus klingelnden und schnarrenden Trillern, Pfeiftönen und Rufen zusammen; darin eingestreut auch typische gedehnte „dscheeh"-Rufe. Meist von Singwarte aus vorgetragen, bisweilen aber auch im Singflug.

**Vorkommen:** Gärten, Friedhöfe, Parkanlagen, Obstbaumbestände, Feldgehölze, auch lichte Wälder. Vom Tiefland bis ins Bergland; im Bergland aber nur in den Tallagen. Teilzieher; viele Grünlinge überwintern bei uns, tauchen regelmäßig an den Futterstellen in den Gärten auf.

**Nahrung:** Knospen, Blüten, Samen und Kleintiere.

**Brut:** Umfangreiches Nest. Brütet in Büschen, Hecken und kleinen Bäumen, auch in Fassadenbegrünungen. 4 bis 6 Eier mit weißlichem Grund und bräunlichen und schwarzen Flecken. Regelmäßig 2, manchmal auch 3 Bruten, Gelege ab April.

## Girlitz

*Serinus serinus*    E Serin
Familie Finken       F Serin cini

**Merkmale:** Mit 11,5 cm Länge ein kleiner, zierlich gebauter Fink. Beim Männchen Brust, Kehle, Überaugenstreif und Stirn kräftig gelb. Bauch und Rücken gelb, aber dunkel gestreift, dunkle Flügel mit 2 gelben Binden, leuchtend gelber Bürzel, Schwanz einheitlich schwarzbraun. Weibchen bräunlich und deutlich gestreift.
**Stimme:** Klirrende, „girlitt" (daher der Name!) klingende Rufe. Gesang unverkennbar, eine auffällig lange anhaltende, klirrende und perlende Folge von etwa gleich hohen Tönen. Singt von exponierter Singwarte aus oder im flatternden Balzflug.
**Vorkommen:** Gärten und Parks, Friedhöfe, Streuobstbestände, Weinberge, auch lichte Wälder; im Tiefland. Sommervogel, bei uns von März bis Oktober.
**Nahrung:** Samen und Kleintiere (vor allem kleine Insekten).
**Brut:** Sorgfältig gebautes Napfnest in Büschen und auf Bäumen. 3 bis 5 Eier, grünlich-bläulich, rotbraun und lila gefleckt. 2 Bruten, Gelege ab April/Mai.

**Stimme**

Den perlenden und klirrenden Gesang des Girlitzes kann man sich leicht einprägen. Man denke an einen Glaskorken, den man in einer Glasflasche dreht, oder an ein quietschendes Wagenrad.

### Zeisig, Erlenzeisig
*Spinus spinus*  E Siskin
Familie Finken  F Tarin des aulnes

<u>Merkmale:</u> Mit 12 cm Länge etwas größer als Girlitz. Ähnelt diesem wegen der vorherrschend gelben Färbung, Männchen jedoch mit schwarzer Kopfplatte und kleinem schwarzen Kehlfleck, gelber Flügelbinde und gelben Kanten im vorderen Teil des Schwanzes; Rücken und Flanken dunkel gestreift. Weibchen insgesamt unscheinbarer als Männchen, grünlicher. Meist gesellig. Bei der Nahrungssuche turnen Zeisige geschickt selbst an dünnen Zweigen herum.

<u>Stimme:</u> Fast ständig zwitschernd. Lockrufe sind ein ständiges „djet, djet", auch gezogen „dieh". Der Gesang ist ein langanhaltendes eiliges Zwitschern, das mit einem gedehnten, gequetschten Ton endet; von Singwarte aus oder im Singflug vorgetragen.

<u>Vorkommen:</u> Nadel- und Mischwälder. Teilzieher. Im Winter Zuzug von Zeisigen aus dem Norden; dann truppweise auch in Gärten, auf Friedhöfen, in Parks, in Birken- und Erlenbeständen und in Feldgehölzen.

<u>Nahrung:</u> Samen, vor allem von Bäumen, daneben Insekten und andere Kleintiere.

<u>Brut:</u> Nest meist hoch auf Nadelbäumen (bevorzugt Fichten), in den äußeren Zweigspitzen. 4 bis 6 weißliche, rötlich und violett gefleckte Eier. Eine oder 2 Bruten, Legebeginn nicht sehr festgelegt, oft schon im Vorfrühling.

## Stieglitz, Distelfink
*Carduelis carduelis*
Familie Finken

E Goldfinch
F Chardonneret élégant

**Merkmale:** Mit 12 cm Länge so groß wie Erlenzeisig. Brauner Rücken, Brust und Bauch heller braun als Rücken, Teile von Brust und Bauch weißlich; weißer Bürzel, schwarze Flügel mit gelbem Längsstreifen und teilweise weißen Federenden. Schwanz schwarz mit weißen Flecken im hinteren Teil. Auffällige Kopfzeichnung: rote Gesichtsmaske, weiß umrahmt, Kopfplatte und Nacken schwarz. Beide Geschlechter gleich gefärbt. Junge gelblich-bräunlich, gestreift.

**Stimme:** Typische „stigelitt"-Rufe (daher der Name Stieglitz!). Der Gesang ist eine hastige Folge dieser Rufe und schmetternder Töne, Triller und Schnörkel.

**Vorkommen:** Gärten, Obstbaumbestände, Parks, Waldränder. Bei der Nahrungssuche auch an Wegrändern und auf Ödlandflächen. Teilzieher; außerhalb der Brutzeit meist in kleinen Trupps.

**Nahrung:** Samen von Stauden, gerne von Disteln (daher der Name Distelfink!); bei der Nahrungssuche sieht man Stieglitze oft kopfüber an den Samenständen hängen; daneben Insekten und andere Kleintiere.

**Brut:** Nistet in Hecken und auf Bäumen. Nest mit dicker, filziger Wand. Gelege aus 4 bis 6 Eiern; weißlicher Grund, dunkelbraune oder rötliche, am stumpfen Pol gehäufte Fleckung; ab Anfang Mai. Eine Brut.

## Hänfling, Bluthänfling

*Acanthis cannabina*     E Linnet
Familie Finken     F Linotte mélodieuse

Merkmale: Etwas über 13 cm lang. Die Männchen haben in der Brutzeit einen kastanienbraunen Rücken und eine weißlich-bräunliche, teilweise dunkel gefleckte Unterseite. Grauer Kopf, Scheitel und Brust karminrot (daher der Name Bluthänfling!), eingekerbter schwarzbrauner Schwanz, Schwingen ebenfalls schwarzbraun mit weißlichen Federsäumen (im Sitzen weißliches Feld). Im Ruhekleid ist das Rot matter, die Streifung deutlicher. Den Weibchen fehlt das Rot; Ober- und Unterseite mit deutlichen Längsstreifen.

Stimme: Rufe im Flug „geckeckeck". Der Gesang ist eine abwechslungsreiche Folge von harten und weichen Tönen, die in Triller und Pfeiftöne übergeht.

Vorkommen: Mehr ein Vogel der offenen Landschaft, in Hecken, aber auch auf Friedhöfen, in Parks und an Waldrändern, bisweilen auch in Gärten. Teilzieher; überwinternde Hänflinge streifen truppweise oder in Schwärmen über Ödlandflächen und Felder.

Nahrung: Samen und kleine Insekten.

Brut: Nistet in Büschen und Hecken, auch in niedrigen Bäumen. Bisweilen beobachtet man, daß mehrere Paare eng beieinander brüten. 4 bis 6 weiße, rosa und violett gefleckte Eier; Fleckung um den stumpfen Pol gehäuft. 2 Bruten, Gelege ab Ende April.

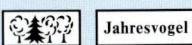 

## Fichtenkreuzschnabel
*Loxia curvirostra*
Familie Finken

E Crossbill
F Bec-croisé des sapins

**Merkmale:** Mit 16,5 cm Länge etwas größer als Haussperling. Auffälligstes Merkmal ist der Schnabel mit den sich überkreuzenden Spitzen (von weitem kaum zu sehen). Männchen ziegelrot gefärbt, mit dunklen Flügelpartien, leuchtendem Bürzel und dunklem, am Ende gekerbtem Schwanz. Weibchen olivgrün, gelblicher Bürzel. Wellenförmiger Flug.
**Stimme:** Bezeichnende Rufe, die wie „klipp, klipp" klingen. Der Gesang erinnert an den des Grünlings; kurze Triller, knarrende, schnurrende und zwitschernde Laute und die „klipp"-Rufe aneinandergereiht, selten zu hören.
**Vorkommen:** Nadelwälder, besonders Fichtenwälder. Jahresvogel; Zuzug von Norden.
**Nahrung:** Vor allem Samen von Nadelbäumen; werden mit dem Schnabel aus den Zapfen geholt.
**Brut:** Stabiles Nest aus Zweigen, Halmen, Moos und Flechten; hoch in den Bäumen. 2 bis 4 grünlich-bläuliche Eier, braun und lila gefleckt. Meist eine Brut.

### Brutbiologie

Die Brutzeit des Fichtenkreuzschnabels richtet sich nach dem Nahrungsangebot – eine Ausnahme in der europäischen Vogelwelt. Man kann Gelege das ganze Jahr über finden.

## Kernbeißer

*Coccothraustes coccothraustes*   E Hawfinch
Familie Finken   F Gros-bec cassenoyaux

<u>Merkmale:</u> Mit knapp 18 cm Länge größter einheimischer Fink, größer als Haussperling. Mächtiger Schnabel. Männchen mit kräftig braunem Rücken und hell rötlicher Unterseite. Flügel blauschwarz mit hellem Feld. Schwanz relativ kurz und am Ende weiß gesäumt. Kopf gelbbraun; schwarzes Band vom Auge zum Schnabel geht in schwarzen Kehlfleck über; breites graues Nackenband. Schnabel zur Brutzeit stahlblau, im Winter hellbraun. Weibchen insgesamt weniger kräftig gefärbt, Flügel und Schwanz grau. Meist hoch in Bäumen, hüpft am Boden in weiten Sprüngen.

<u>Stimme:</u> Typische Rufe: scharf „zicks". Gesang wenig eindrucksvoll und nur selten zu hören, klingt wie „tik-tik-törui".

<u>Vorkommen:</u> Hauptsächlich in Mischwäldern, aber auch in Feldgehölzen, Obstgärten und größeren Parks. Teilzieher; überwinternde Vögel auch am Futterplatz.

<u>Nahrung:</u> Knospen und Triebe, Samen, auch die von Steinobst (daher der Name!); daneben Insekten.

<u>Brut:</u> Nistet – manchmal zusammen mit Artgenossen – hoch auf Bäumen, meist Laubbäumen. Umfangreiches Nest aus Zweigen und Halmen. 4 bis 6 Eier, blaß graubraun mit schwarzbraunen Punkten und Linien. Eine Brut, Gelege ab Ende April.

Teilzieher

### Gimpel, Dompfaff
*Pyrrhula pyrrhula*
Familie Finken

E Bullfinch
F Bouvreuil pivoine

<u>Merkmale:</u> Knapp 15 cm lang. Männchen mit schwarzer Kopfplatte, blaugrauem Rücken, schwarzen Flügeln mit breiter, weißer Binde, weißem Bürzel und schwarzem Schwanz; bestes Kennzeichen die leuchtend rote Unterseite. Beim Weibchen ist die Oberseite braungrau, die Unterseite rötlich grau gefärbt; ansonsten Verteilung der Farben wie beim Männchen. Junge sehen Weibchen ähnlich, aber Rücken braun; schwarze Kopfplatte fehlt noch. Wellenförmiger Flug. Fast stets paarweise auftretend.
<u>Stimme:</u> Die Rufe sind schwermütige Pfiffe, wie „düh, düh" klingend. Beim Abflug gereiht „düt, düt, düt". Der Gesang ist ein leises Gemisch aus zwitschernden und knarrenden Lauten.
<u>Vorkommen:</u> Gärten, Friedhöfe und Parks, Obstbaumbestände, Nadel- und Mischwald. Vom Tiefland bis ins Gebirge. Teilzieher; im Winter Zuzug von Vögeln aus dem Norden.
<u>Nahrung:</u> Knospen (deshalb bisweilen Schäden an Obstbäumen), Beeren und Samen, Insekten.
<u>Brut:</u> Lockeres Nest aus Zweigen, Halmen, Moos, Haaren und Federn; meist in Büschen und Hecken, auch in jungen Nadelbäumen. 4 bis 6 hellblaue Eier mit schwarzbraunen Punkten und unregelmäßigen Flecken (oft am stumpfen Pol gehäuft). 2 Bruten, Gelege ab April/Mai.

## Haussperling, Hausspatz
*Passer domesticus*
Familie Sperlinge

E House Sparrow
F Moineau domestique

**Merkmale:** Knapp 15 cm lang. Überall häufiger und deshalb wohl bekanntester einheimischer Vogel überhaupt. Männchen mit grauer Kopfplatte, kastanienbraunem Nacken, weißlichgrauen Wangen, schwarzem Kehlfleck. Rücken und Flügel braun mit dunklen Längsstreifen, Flügel mit weißer Binde, Bürzel grau; Unterseite grauweißlich. Weibchen fehlt die für die Männchen typische Kopfzeichnung, mit hellem Überaugenstreif. Jungvögel ähnlich Weibchen. Meist gesellig auftretend.
**Stimme:** Typisches Tschilpen, abwechslungsreiche Laute. Aus diesen Elementen setzt sich auch der Gesang zusammen.

**Vorkommen:** Überall in Dörfern und Städten (Kulturfolger); nur selten anderswo. Jahresvogel.
**Nahrung:** Abwechslungsreich; Beeren, Samen, Knospen, grüne Pflanzenteile, Insekten und andere Kleintiere.
**Brut:** Das Nest ist ein umfangreicher, unordentlicher, überdachter Bau aus Halmen und Federn, Moos, Papierfetzen und ähnlichem Material; in Mauerlöchern, unter Dachbalken und Dachpfannen, auch als Untermieter in Storchenhorsten und in Nistkästen. 5 bis 6 Eier, variabel gefärbt, meist auf bläulich-grünlichem Grund dicht dunkelbraun gefleckt. 2 bis 3 Bruten, erste Gelege in der zweiten Aprilhälfte.

## Feldsperling, Feldspatz
*Passer montanus*
Familie Sperlinge

E Tree Sparrow
F Moineau friquet

**Merkmale:** Mit 14 cm Länge etwas kleiner als Haussperling. Männchen und Weibchen sehen gleich aus. Rücken braun mit dunkler Längsstreifung. Flügel mit einer kräftigen und einer undeutlichen weißen Binde. Gegenüber dem Haussperling fallen die kastanienbraune Kopfplatte, die schwarze Kehle und vor allem die schwarzen Wangenflecken auf. Junge mit graubrauner Kopfplatte und dunkelgrauer Kehle. Wie Haussperling gesellig.

**Stimme:** Rufe härter klingend als beim Haussperling, „tschick" oder „tek-tek-tek", auch hell „twit". Der Gesang setzt sich aus diesen Tönen zusammen, ein schnelles Tschilpen.

**Vorkommen:** Weniger in menschlichen Siedlungen als Haussperling, mehr ein Vogel der offenen Landschaft mit Hecken und Feldgehölzen, auch an Waldrändern. Teilzieher; viele Feldsperlinge überwintern bei uns und erscheinen dann auch in den Dörfern und an Stadträndern, um dort nach Nahrung zu suchen.

**Nahrung:** Beeren, Samen, grüne Pflanzenteile und Kleintiere, vor allem Insekten.

**Brut:** Überdachtes Nest in Höhlen, vor allem Baumhöhlen, aber auch in Löchern in Erd- und Felswänden; auch in Nistkästen. 5 bis 6, auf hellem Grund dicht dunkel gefleckte Eier. Ab Ende April 2 Bruten.

| | |
|---|---|
| **Grünspecht** | |
| *Picus viridis* | E Green Woodpecker |
| Familie Spechte | F Pic vert |

<u>Merkmale:</u> Spechte sind allgemein daran zu erkennen, daß sie an Baumstämmen hinaufklettern. Dabei helfen ihnen die Klammerfüße mit den zwei nach vorne und zwei nach hinten gerichteten Zehen; der kräftige Schwanz stützt sie ab. Mit dem Meißelschnabel zimmern sie sich ihre Bruthöhlen selbst. Der Grünspecht ist mit knapp 32 cm größer als eine Amsel und größer als der ähnliche Grauspecht. Oberseite kräftig olivgrün, Bürzel gelblich, Unterseite graugrün. Rote Kopfplatte, die sich bis in den Nacken zieht. Bei beiden Geschlechtern Auge schwarz umrahmt; beim Männchen zieht sich ein breiter, roter, schwarz eingefaßter Streifen vom Auge zum Kinn; beim Weibchen Bartstreif einfarbig schwarz.

<u>Stimme:</u> Laute, schallende „glü-glü-glü"-Rufreihe, gegen Ende hin schneller und leiser werdend. Trommelt nur selten, und wenn, dann schwach und nicht regelmäßig.

<u>Vorkommen:</u> Parkanlagen, Streuobstwiesen, Feldgehölze und Wälder mit Anteil an offenen Flächen. Jahresvogel, außerhalb der Brutzeit umherstreifend.

<u>Nahrung:</u> Bevorzugt Ameisen und deren Entwicklungsstadien, selten auch Beeren.

<u>Brut:</u> Nistet in selbstgezimmerten Höhlen in Bäumen, 2 bis 10 m über dem Boden, 5 bis 8 weiße Eier. Eine Brut, Gelege ab April.

 **Jahresvogel**

---

### Grauspecht
*Picus canus*
Familie Spechte

E Grey-headed Woodpecker
F Pic cendré

---

**Merkmale:** Mit reichlich 25 cm deutlich kleiner als Grünspecht, in der olivgrünen Färbung aber ähnlich. Wesentliche Unterscheidungsmerkmale sind der graue Kopf und Hals, der breite schwarze Streifen vom Auge zur Schnabelwurzel und der nur schmale, schwarze Bartstreif. Beim Männchen Stirn und Vorderscheitel rot, beim Weibchen fehlt jegliches Rot im Gefieder.

**Stimme:** Ähnliche Rufreihe wie Grünspecht, aber weniger schallend und zum Ende hin in der Höhe abfallend und langsamer werdend. Trommelt im Gegensatz zum Grünspecht anhaltend.

**Vorkommen:** Parks, Obstbaumbestände, Feldgehölze und Laubwälder, selten in Nadelwäldern. Nur in Wäldern mit Anteil an offenen Flächen. Jahresvogel.

**Nahrung:** Ameisen und deren Entwicklungsstadien.

**Brut:** Nistet in selbstgezimmerten oder bereits vorhandenen Baumhöhlen; 1,50 bis 8 m über dem Boden. 5 bis 7 weiße Eier. Eine Brut, Gelege ab Ende April.

---

**Lebensweise**

Grün- und Grauspecht sind sogenannte Erdspechte, die häufig am Boden ihre Nahrung (Ameisen) suchen. Dabei hüpfen sie oft kraftvoll umher, der Grünspecht bis 25 cm weit.

## Buntspecht
*Picoides major*    E Great Spotted Woodpecker
Familie Spechte    F Pic épeiche

<u>Merkmale:</u> Mit 23 cm Länge deutlich kleiner als Grünspecht, etwas kleiner als Amsel. Bei allen „bunten Spechten" ist auf die jeweils unterschiedliche Verteilung der Farben Schwarz, Weiß und Rot im Gefieder zu achten. Beim Buntspecht fallen die großen weißen Schulterflecken auf dem schwarzen Rücken und der kräftig rote Unterschwanz auf. Beide Geschlechter mit durchgehenden schwarzen Bartstreifen. Männchen mit rotem Hinterkopf; Weibchen dem Männchen ähnlich, ihm fehlt aber die rote Kopfzeichnung. Wellenförmiger Flug.
<u>Stimme:</u> Laut und auffällig „kix", häufig zu hören. Beide Geschlechter trommeln regelmäßig und ausdauernd, 5- bis 8mal pro Minute je 5 bis 20 Schläge.
<u>Vorkommen:</u> Größere Gärten, Parks, Feldgehölze, Laub-, Misch- und Nadelwälder. Jahresvogel. Außerhalb der Brutzeit umherstreifend; im Winter auch an den Futterstellen.
<u>Nahrung:</u> Kleintiere, die auf der Baumrinde leben; daneben Samen, Beeren, Nüsse, Bucheckern. Bei der Nahrungssuche kaum auf dem Boden. In „Spechtschmieden" wird die Nahrung eingeklemmt und bearbeitet.
<u>Brut:</u> Brütet in selbstgezimmerten Baumhöhlen, meist 3 bis 8 m über dem Boden. Nimmt mitunter Nistkästen an. 5 bis 7 weiße Eier. Eine Brut, Gelege ab April.

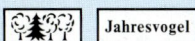 

## Kleinspecht
*Picoides minor*
Familie Spechte

E Lesser Spotted Woodpecker
F Pic épeichette

<u>Merkmale:</u> Mit 14,5 cm Länge nur sperlingsgroß (!), also deutlich kleiner als Buntspecht und kleinster europäischer Specht überhaupt. Schwarze Oberseite weiß quergebändert, Schulterflecken fehlen; weißliche Unterseite mit Längsstreifen an den Flanken. Männchen mit schwarz eingefaßtem, rotem Scheitel, Weibchen mit schwarzer Kopfplatte; beide Geschlechter mit weißlich-gelblicher Stirn, ohne rote Unterschwanzdecken.

<u>Stimme:</u> Einzelruf „kick", ähnlich Buntspecht. Hell aneinandergereihte „ki-ki-ki"-Rufe. Trommelt 14- bis 19mal in der Minute, je bis zu 30 Schläge.
<u>Vorkommen:</u> Größere Gärten und Parks, Obstbaumbestände, Laub- und Mischwälder, Weichholzbestände. Jahresvogel.
<u>Nahrung:</u> Kleintiere, Samen.
<u>Brut:</u> Brütet in selbstgezimmerten Höhlen, meist in toten Bäumen; 2 bis 8 m über dem Boden. 5 bis 6 weiße Eier. Eine Brut, ab April.

### Ähnliche Art

Mit Buntspecht und Kleinspecht zu verwechseln ist der knapp 22 cm lange Mittelspecht (*Picoides medius*). Seine Rückenzeichnung gleicht der des Buntspechts; er hat aber – wie der Kleinspecht – eine durchgehend rote Kopfplatte. Lebensraum: Eichenwälder.

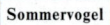

### Wendehals
*Jynx torquilla*      E Wryneck
Familie Spechte      F Torcol fourmilier

**Merkmale:** Mit 16,5 cm Länge etwas über sperlingsgroß. Von weitem erscheint das Gefieder einfarbig braun, bei hellerer Unterseite. Von nahem sieht man, daß die Oberseite braun und schwarz marmoriert ist; mit dunklen Längsstreifen vom Nakken zum Bürzel. Unterseite fein gesperbert. Insgesamt erhält der Vogel ein rindenfarbiges Aussehen. Füße ähnlich wie bei Spechten mit 2 nach vorne und 2 nach hinten gerichteten Zehen. Hüpft auf schrägen Ästen. Kurzer Meißelschnabel.

**Stimme:** Die Rufreihe erinnert etwas an den Kleinspecht, klingt aber näselnder, etwa „wäh-wähwäh". Außerhalb der Fortpflan-zungszeit nur selten zu hören und dann oft übersehen.

**Vorkommen:** Große Gärten, Parks, Friedhöfe, Obstbaumbestände, Feldgehölze, Auwälder, Laub- und Mischwälder mit aufgelockertem Bestand. Bestände gehen stark zurück. Sommervogel; bei uns von April bis August.

**Nahrung:** In erster Linie Ameisen und deren Entwicklungsstadien, daneben aber auch Käfer, Schmetterlinge und andere Insekten; selten auch Beeren.

**Brut:** Höhlenbrüter. Nimmt natürliche Höhlen in Bäumen (vor allem Spechthöhlen), auch Höhlen in Gemäuer und sogar Nistkästen an. 7 bis 12 weiße, glatte Eier. 2 Bruten, ab Mai.

| | |
|---|---|
| **Wasseramsel** | |
| *Cinclus cinclus* | E Dipper |
| Familie Wasseramsel | F Cincle plongeur |

<u>Merkmale:</u> Ein knapp 18 cm langer, gedrungen wirkender Vogel mit kurzem Schwanz, der oft gestelzt wird. Oberseite schwarzbraun, Kopf brauner als Rücken; weißer Kehllatz, rostbrauner Bauch. Im geradlinigen, schnurrenden Flug meist in niedriger Höhe dem Wasserlauf folgend; Landung auf Steinen auch mitten im Flußbett, dabei knicksend. Kann schwimmen. Nahrungssuche unter Wasser; der Vogel läuft dabei auf dem Grund des Gewässers umher. Einziger an das Wasserleben angepaßter europäischer Singvogel.

<u>Stimme:</u> Kurze, kräftige „zit"-Rufe, auch „zerb" (im Flug). Der Gesang ist eine Folge aus Pfeiftö-nen, trillernden und zwitschernden Passagen. Rufe und Gesang oft vom Rauschen des Wassers übertönt.

<u>Vorkommen:</u> An klaren, schnellfließenden Bächen und kleinen Flüssen im Hügel- und Bergland. Standvogel. Im Winter auch in tiefere Lagen ausweichend. An geeigneten Gewässern auch in Dörfern und Städten.

<u>Nahrung:</u> Im Wasser lebende Kleintiere.

<u>Brut:</u> Umfangreiches, kugeliges Nest mit seitlichem Eingang; an Stauwehren, in Ufermauern, unter Brücken und Wasserfällen, stets unmittelbar am Wasser. 4 bis 6 weiße Eier. 2 Bruten, erste Gelege ab März.

### Singdrossel
*Turdus philomelos*    E Song Thrush
Familie Sänger    F Grive musicienne

<u>Merkmale:</u> 23 cm lang, kleiner als Amsel. Einfarbig brauner Rükken, weißlich-gelbliche Unterseite mit Längsreihen schwarzbrauner Punkte. Beim Auffliegen sieht man die rahmfarbenen Unterflügel (Misteldrossel mit weißen, Rotdrossel mit rotbraunen Unterflügeln). Männchen und Weibchen gleich gefärbt.

<u>Stimme:</u> Rufe laut „gick". Bei fliegenden Singdrosseln hört man auch typische „zipp"-Rufe. Erregte Vögel zetern. Gesang recht laut und sehr charakteristisch; kurze Motive werden jeweils 2- bis 4mal wiederholt, dann folgt das nächste Motiv; Gesang daher rhythmisch wirkend. Motive abwechslungsreich, mehrsilbig, klangvoll, enthalten teilweise Imitationen der Stimmen anderer Vögel. Gesang meist von hoher Singwarte aus vorgetragen.

<u>Vorkommen:</u> Gärten und Parkanlagen, Feldgehölze, Wälder aller Art. Sommervogel, bei uns von Februar bis November.

<u>Nahrung:</u> Schnecken, Würmer, Insekten, Spinnen, im Herbst auch Früchte und Beeren.

<u>Brut:</u> Kräftiges Nest aus Pflanzenmaterial, wie Amselnest, aber Mulde mit Lehm und Holzmulm glatt ausgestrichen; in Büschen, Hecken und Bäumen (nahe am Stamm). 4 bis 6 hellblaue bis türkisfarbene Eier, sparsam schwarz gefleckt. Gelege ab April, 2 Bruten.

## Misteldrossel
*Turdus viscivorus*
Familie Sänger

E Mistle Thrush
F Grive draine

**Merkmale:** Mit knapp 27 cm deutlich größer als Singdrossel, auch größer als Amsel, damit größte europäische Drosselart. Oberseite einfarbig graubraun, Unterseite gelblich-weiß mit kräftigen schwarzbraunen Flecken. Im Flug fallen die weißen Unterflügel (nicht rahmfarben wie bei Singdrossel, nicht rotbraun wie bei Rotdrossel) auf. Äußere Schwanzfedern mit hellen Flecken. Geschlechter gleich.

**Stimme:** Rufe schnarrend und hart „trrr", auch dünn und gezogen „si-ip". Der flötende Gesang ähnelt in der Struktur dem der Amsel, ist aber wesentlich lauter und zeigt Wiederholungen ähnlicher Motive. Strophen kürzer als bei der Amsel. Singt von hohen Warten (Baumspitzen) aus.

**Vorkommen:** Hauptsächlich in Laub-, Misch- und auch Nadelwäldern, daneben auf Streuobstwiesen, in Parkanlagen und in großen Gärten. Zur Nahrungssuche oft auf Wiesen. Sommervogel, Februar bis November.

**Nahrung:** Würmer, Schnecken, Insekten und vor allem im Spätsommer/Herbst Beeren.

**Brut:** Großes Nest aus Pflanzenmaterial, mit Erde verfestigt, Mulde mit Halmen; meist einige Meter über dem Boden in Bäumen oder großen Büschen. 4 bis 6 grünlich-bläuliche Eier mit dichter, rotbrauner Fleckung. Eine Brut, erste Gelege im März.

| **Wacholderdrossel** | |
|---|---|
| *Turdus pilaris* | E Fieldfare |
| Familie Sänger | F Grive litorne |

**Merkmale:** Mit 25,5 cm Länge so groß wie Amsel. Von dieser sowie Sing- und Misteldrossel leicht zu unterscheiden durch den grauen Kopf und den grauen Bürzel, den kastanienbraunen Rücken und den fast schwarzen Schwanz. Unterseite im Kehlbereich und an den Flanken gelblich und kräftig dunkel gefleckt und gestreift; im Bauchbereich gelblichweiß und nicht gefleckt. Im Flug fallen der graue Bürzel und die weißen Unterflügel auf. Meist gesellig.

**Stimme:** Rufe ganz bezeichnend „schack-schack-schack", auch hart „terr-terr" und gezogen „zieh". Der schwätzende, zwitschernde, mit harten Lauten durchsetzte Gesang wird von Singwarten, aber auch im Flug vorgetragen.

**Vorkommen:** Große Gärten mit Baumbestand, Parkanlagen, Obstbaumwiesen, Feldgehölze, lockere Wälder. Teilzieher; Bestände im Winter durch Zuzügler aus dem Norden verstärkt.

**Nahrung:** Würmer, Schnecken, Insekten, im Herbst auch Früchte und Beeren.

**Brut:** Großes Nest aus Pflanzenmaterial; Nestmulde mit feinen Halmen ausgelegt oder zusätzlich mit Erde ausgestrichen. Wacholderdrosseln brüten meist kolonieartig mit Artgenossen zusammen. 4 bis 6 Eier, grünlich-bläulicher Grund, rotbraune Flecken. Häufig 2 Bruten, Gelege ab April.

## Amsel, Schwarzdrossel

*Turdus merula*     E Blackbird
Familie Sänger     F Merle noir

**Merkmale:** 25,5 cm lang. Überall häufiger und allseits bekannter Vogel. Männchen mit einfarbig schwarzem Gefieder, schmalem, gelbem Ring um das Auge und gelbem Schnabel. Weibchen bräunlicher, Oberseite dunkelbraun, Unterseite etwas heller braun, Kehle gefleckt, Schnabel braun. Junge ähnlich Weibchen.

**Stimme:** Rufe dünn „zih". Bei Erregung laut und durchdringend „tik, tik, tik", auch beim Abfliegen und abends vor dem Aufsuchen der Schlafplätze. Der langsame Gesang wirkt schwermütig; eine Folge von getragenen und flötenden Tönen. Motive nicht wie bei der Singdrossel mehrfach wiederholt. Die einzelnen Strophen schließen mit schwächeren gepreßten und zwitschernden Tönen ab.

**Vorkommen:** Früher reiner Waldvogel, heute als Kulturfolger daneben überall in menschlichen Siedlungen, in Gärten und Parks. Jahresvogel.

**Nahrung:** Schnecken, Würmer, Insekten, Früchte, Beeren.

**Brut:** Großes Nest aus Pflanzenmaterial und Erde, Nestmulde mit feinerem Material ausgepolstert. Nistet in Hecken, Büschen, Kletterpflanzen, auf Fenstersimsen und Dachbalken; meist nur wenige Meter über dem Boden. 4 bis 7 grünlich-bläuliche Eier mit dichter bräunlicher Fleckung. 2, sogar 3 Bruten; Gelege ab März.

### Star

*Sturnus vulgaris*  E Starling
Familie Stare  F Étourneau sansonnet

**Merkmale:** Knapp 22 cm lang, also etwas kleiner als Amsel. Wie diese in der Brutzeit schwarzes Gefieder, aber metallisch grünlich und purpurn glänzend. Schwanz kürzer als bei der Amsel, spitze Flügel. Langer, spitzer, gelber Schnabel. Gefieder in der Ruhezeit weiß getüpfelt („Perlstar"), Schnabel dann dunkelbraun. Junge mit bräunlichem Gefieder. Im Flug leicht erkennbar: dreieckige Flügel, Schlag- und Gleitphasen wechseln ab.

**Stimme:** Gedehnt „spreen", aber auch viele andere Rufe. Von den Jungen hört man Laute wie „tschirr" klingend. Der Gesang ist ein geschwätziges Gemisch aus den Rufen, Pfiffen, Schnalz- und Schnurrlauten; darin eingebaut Imitationen anderer Vogelstimmen und technischer Geräusche. Beim Singen lassen die Vögel die Flügel hängen, oder sie schlagen damit heftig auf der Stelle.

**Vorkommen:** Gärten und Parks, Feldgehölze und Wälder. Teilzieher, außerhalb der Brutzeit oft riesige Schwärme bildend, im Winter weit umherstreifend.

**Nahrung:** Kleintiere, Früchte und Beeren; bisweilen Problemvogel (Weinberge werden geplündert).

**Brut:** Baut in Höhlen (Baumhöhlen, Felsspalten, Mauerlöchern, Starenkästen) ein unordentliches Nest aus Pflanzenmaterial. 4 bis 6 blaß blaugrüne Eier. Eine Brut, erste Gelege im April.

## Pirol
*Oriolus oriolus*    E Golden Oriole
Familie Pirole    F Loriot d'Europe

<u>Merkmale:</u> 24 cm lang. Die Männchen haben ein prächtig gelbes Gefieder, schwarze Flügel und einen schwarz gefärbten Schwanz mit gelben Ecken. Vom Auge zum rötlichen Schnabel breiter schwarzer Streifen. Das Weibchen ist unscheinbarer gefärbt; Oberseite grünlich, Unterseite weißlich-grünlich mit Reihen von dunkleren Flecken.

<u>Stimme:</u> Bezeichnend sind die lauten Flötenrufe, die wie „düdlio" klingen; bei Erregung auch rauhe Rufe, daneben „jik, jik".

<u>Vorkommen:</u> Parkanlagen mit hohem Baumbestand, Laubwälder (gerne Auwälder) im Tiefland. Sommervogel, in Mitteleuropa von Mai bis Anfang September.

<u>Nahrung:</u> Insekten und deren Larven, Früchte und Beeren.

<u>Brut:</u> Nest auf hohen Bäumen; wird kunstvoll geflochten und in waagerecht gewachsene Astgabeln gehängt. 3 bis 4 Eier, weißlich-rosa in der Grundfärbung mit feiner bräunlicher oder schwarzer Fleckung. Eine Brut, Gelege ab Mitte Mai.

---

**Stimme**

Pirole halten sich meist in den Baumkronen verborgen, die Flötenrufe verraten aber ihre Anwesenheit. Eine Eselsbrücke zum Erkennen der Rufe bietet der volkstümliche Name „Vogel Bülow".

## Zwergtaucher

*Tachybaptus ruficollis*     E Little Grebe
Familie Lappentaucher        F Grèbe castagneux

<u>Merkmale:</u> 27 cm lang. Ein relativ kleiner, rundlicher Wasservogel mit kurzem Hals und recht kurzem, dickem Schnabel. Im Brutkleid auf dem Rücken dunkelbraun, auf der Unterseite heller graubraun, an den Seiten des Halses kastanienbraun, an der Schnabelwurzel gelb. Im Ruhekleid (siehe Foto) graubraun, viel heller als im Brutkleid. Die braune Halsfärbung und das Gelb an der Schnabelwurzel fehlen. Taucht bei der Nahrungssuche, auch bei Gefahr. Zur Brutzeit versteckt lebend; meist wird man dann nur durch die Rufe auf die Vögel aufmerksam.

<u>Stimme:</u> Kurzes, helles Trillern, das zu allen Jahreszeiten, besonders aber in der Paarungszeit zu hören ist: „bi bi bi bi". Alarmruf scharf „pit".

<u>Vorkommen:</u> An Weihern und Seen, auch in Städten und Dörfern. Im Winter auch auf stehenden Gewässern und langsam fließenden Flüssen. Teilzieher.

<u>Nahrung:</u> Kleine Wassertiere, Pflanzenteile.

<u>Brut:</u> Baut eine schwimmende Plattform aus Teilen von Wasser- und Uferpflanzen. 5 bis 6 Eier; wegen der Fäulnis der zum Nestbau verwendeten Pflanzen nehmen die bei der Eiablage weißen Eier bald eine bräunliche Färbung an. Beim Verlassen des Nestes wird das Gelege abgedeckt. Gelege ab März/April. Meist 2 Bruten.

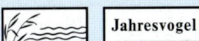 

## Höckerschwan
*Cygnus olor*   E Mute Swan
Familie Entenvögel   F Cygne tuberculé

<u>Merkmale:</u> Mit 1,52 m Länge einer der größten flugfähigen Vögel in der europäischen Vogelwelt. Gefieder bei beiden Geschlechtern rein weiß, Schnabel orangerot mit schwarzer Spitze und schwarzem Grund. Auffälliger schwarzer Höcker oberhalb der Schnabelwurzel; am größten ist dieser Höcker bei den Männchen in der Paarungszeit. Junge im Dunenkleid graubraun. Hellbraune und weiße Partien im Gefieder des Jugendkleides.

<u>Stimme:</u> Nicht sehr ruffreudig. Zischende und schnarchende Laute bei Erregung, etwa Störungen am Nest. Singendes Flügelgeräusch bei fliegenden Vögeln.

<u>Vorkommen:</u> Auf allen größeren Weihern und Seen und langsam fließenden Flüssen anzutreffen; meist halbwilde Vögel. Zahme Vögel auf Parkteichen. Wilde Höckerschwäne nur noch an wenigen entlegenen Seen. Jahresvogel. Im Winter Ausweichen auf offene Wasserflächen; dann auch truppweise auf Küstengewässern.

<u>Nahrung:</u> Ufer- und Wasserpflanzen, auch Abweiden von Gras. Nahrungssuche im Flachwasser, erreicht gründelnd 1 m Tiefe.

<u>Brut:</u> Baut ein umfangreiches Nest aus Schilfhalmen und anderen Wasser- und Uferpflanzen. 5 bis 8 graugrüne Eier mit weißlichem Kalküberzug. Eine Brut, Gelege ab April. Männchen in der Brutzeit sehr aggressiv.

### Mandarinente
*Aix galericulata*
Familie Entenvögel

E Mandarin
F Canard mandarin

**Merkmale:** Mit 43 cm Länge deutlich kleiner als Stockente und gedrungener; großer Kopf, kleiner Schnabel. Männchen wirken sehr bunt und exotisch. Aufgestellte, dreieckige, orangefarbene Federsegel auf den Flügeln, orangefarbener Kopf mit breitem, weißem Überaugenstreif, kastanienbrauner Bug, dahinter schwarzweiße Bänderung und an den Flanken graubraun. Weibchen demgegenüber unscheinbar graubraun gefärbt; weißliche Flecken an den Flanken und weißer, in einen kurzen Streif ausgehender Ring um das Auge herum. Im Ruhekleid sehen die Männchen den Weibchen ähnlich, ebenso die Jungen. Füße gelborange.

**Stimme:** Männchen rufen scharf pfeifend „wrick", auch gereiht; Weibchen rufen „ack". Außerhalb der Paarungszeit schweigsam.

**Vorkommen:** Stehende und langsam fließende, mit Bäumen bestandene Gewässer. Heimat Südostasien. In Europa seit dem 18. Jahrhundert als Parkvogel eingeführt; teilweise sind die Vögel heute verwildert und brüten frei. Bei uns Jahresvogel.

**Nahrung:** Wasserpflanzen, Sämereien, wasserlebende Kleintiere.

**Brut:** Höhlenbrüter; in natürlichen Baumhöhlen, hohlen Baumstubben und Steinhaufen. Nester auch in dichter Vegetation. 7 bis 12 weiße Eier.

## Stockente
*Anas platyrhynchos*  E Mallard
Familie Entenvögel  F Canard col-vert

Merkmale: 58 cm lang. Auf Grund ihrer Häufigkeit sehr bekannte Schwimmente. Erpel mit flaschengrünem, schillerndem Kopf, gelbem Schnabel, weißem Halsring, kastanienbrauner Brust und schwarzweißem Hinterende mit 4 hakig gebogenen, schwarzen Schwanzfedern; übriges Gefieder hellgrau. Weibchen unscheinbar braun und hellbraun gestreift und gefleckt. Erpel im Ruhekleid ähneln dunkel gefärbten Weibchen. Flügelspiegel blaugrün schillernd, weiß eingefaßt. Beine orange.
Stimme: Typische und unverkennbare, laute „rähb, rähb"-Rufe; daneben in der Balzzeit ein Spektrum anderer Rufe.

Vorkommen: Überall an stehenden und langsam fließenden Gewässern, auf Parkteichen. Jahresvogel; im Winter Ausweichen auf noch offene Wasserflächen, Aufsuchen von Futterstellen.
Nahrung: Sehr vielseitig, abhängig von Lebensraum und Jahreszeit. Teile von Wasserpflanzen, Gras, Früchte, Kleintiere, daneben Brot und Fischfutter.
Brut: Nest aus Pflanzenmaterial der Umgebung, flache Nestmulde mit Dunen ausgepolstert. Meist in dichter Vegetation nahe am Ufer. Beim Verlassen des Nestes deckt das Weibchen das Gelege mit Nistmaterial ab. 7 bis 11 gelbliche, grünliche oder leicht bräunliche Eier. Eine Brut, Gelege ab März.

## Sperber
*Accipiter nisus* — E Sparrow Hawk
Familie Habichtartige — F Épervier d'Europe

**Merkmale:** 28 bis 38 cm lang; Männchen stets deutlich kleiner als Weibchen. Oberseite des Männchens blaugrau, an den Kopfseiten rostrot. Unterseite eng rostrot quergebändert („gesperbert"). Schwanz mit breiten, dunklen Querbinden. Lange, gelbe Beine. Weibchen schwarzbraun gefärbt; Unterseite schwarzbraun gesperbert, auffällig der breite, helle Überaugenstreif. Jungvögel gleichen in etwa den Weibchen, zeigen aber auf der Unterseite eine grobe Fleckung und Streifung. Im Flug fallen die relativ kurzen, an den Enden abgerundeten Flügel und der relativ lange, gerade Schwanz auf. Ausgesprochen wendiger Flieger.

**Stimme:** Ruft am Horst durchdringend „ki-ki-ki-ki-ki". Nestjunge betteln durchdringend fiepend.

**Vorkommen:** Große Parkanlagen mit viel Baumbestand, Feldgehölze, Wälder. Teilzieher; im Winter kommen Sperber vermehrt in die Siedlungen, um dort nach Kleinvögeln (am Futterplatz) zu jagen.

**Nahrung:** Vor allem Kleinvögel bis Drosselgröße; im Überraschungsangriff erbeutet. Daneben wenige Kleinsäuger.

**Brut:** Flacher Horst aus Reisig und Ästen, meist in Nadelbäumen (Stangenholz); 4 bis 18 m hoch und nahe am Stamm. 4 bis 6 Eier, weiß mit graubraunen Flecken. Eine Brut, Gelege ab April.

### Habicht
*Acciper gentilis*  E Goshawk
Familie Habichtartige  F Autour des palombes

**Merkmale:** 47 bis 61 cm lang; Weibchen viel größer als Männchen. Beide Geschlechter einander ähnlich, wie großes Sperberweibchen. Im Flug fallen die relativ kurzen, rundlichen Flügel und der relativ lange Schwanz auf. Beide Geschlechter haben schwarzbraune Oberseite und helle, eng schwarz-braun quergebänderte Unterseite, hellen Überaugenstreif und kräftig gelbe Beine. Junge Habichte sind bräunlicher im Gefieder als Altvögel; mit kräftiger Fleckung auf der Brust, Flecken bilden Längsstreifenmuster.

**Stimme:** Kurze Rufe, die an das „hiäh" des Mäusebussards erinnern. Am Nest ruffreudig; schrille Rufreihen, die wie „gigigig" klingen. Junge fiepend.

**Vorkommen:** Wälder, gerne in der Nachbarschaft zu offenem Gelände. Anflugmöglichkeiten notwendig; fehlt daher im Inneren zu dichter Bestände. Jahresvogel.

**Nahrung:** Vögel (bis etwa Fasanengröße) und Säugetiere (bis etwa Hasengröße); hauptsächlich Drosseln, Eichelhäher, Tauben, Eichhörnchen, Kaninchen.

**Brut:** Baut einen großen Horst (alte Horste bis 1 m hoch) in die Kronen hoher Laub- und Nadelbäume; nimmt allerdings auch schon bestehende Horste anderer Vögel an. 2 bis 5 weißlich-bräunliche Eier; eine Brut, Gelege ab März/April.

### Mäusebussard
*Buteo buteo*    E Buzzard
Familie Habichtartige    F Buse variable

**Merkmale:** 51 bis 56 cm lang. Im Flug leicht an dem kurzen Hals, den breiten, an den Enden abgerundeten Flügeln und dem relativ kurzen, gerundeten Schwanz zu erkennen. Flügelspitzen immer dunkel. Gefiederfärbung sehr variabel; braune Oberseite und helle Unterseite mit viel Braun überwiegend. Schwanz dunkel gebändert. Geschlechter gleich gefärbt.
**Stimme:** Typische miauende „hiäh"-Rufe, am häufigsten in der Paarungszeit zu hören.

**Vorkommen:** Wälder und Feldgehölze; Brut im Wald, Nahrungssuche in der offenen Landschaft. Jahresvogel.
**Nahrung:** Vor allem Feldmäuse und andere Kleinsäuger, auch Aas (an Straßen).
**Brut:** Großer Horst aus Ästen und Zweigen; Mulde mit feinerem Material ausgelegt. Auf hohen Bäumen, meist am Waldrand. 2 bis 3 Eier mit graubrauner Fleckung. Eine Brut, Gelege ab Mitte März.

### Ähnliche Art

Im Winter kann man bei uns auch den aus dem Norden zuwandernden Rauhfußbussard (*Buteo lagopus*) beobachten. Bei ihm fällt der weiße Schwanz mit der dunklen Endbinde auf, im Flug auch die hellen Flügelunterseiten mit den kräftigen dunklen Flecken.

## Turmfalke

| | |
|---|---|
| *Falco tinnunculus* | E Kestrel |
| Familie Falken | F Faucon crécerelle |

**Merkmale:** Mit 34 cm eher kleiner Greifvogel; häufigster einheimischer Greifvogel. Falken kann man allgemein (vor allem im Flug) an dem schlanken Körperbau, den schmalen, spitzen Flügeln und dem langen, schmalen Schwanz erkennen. Turmfalkenmännchen mit grauem Kopf mit dunklem Bartstreif; Rücken rotbraun, dünn dunkel gefleckt; Flügel grau und schwarz; Schwanz grau mit schwarzer Endbinde; Unterseite rahmfarben, dunkel gefleckt. Weibchen auf dem Rücken rostbraun, dunkel gebändert; Kopf braun, Wangen mit dunklem Bartstreif, Schwanz braun, aber dunkel quergebändert. Füße gelb.

**Stimme:** Die Vögel lassen eine Rufreihe, die wie „kli-kli-kli" klingt, daneben „kili" klingende Doppelrufe hören. Am Brutplatz auch vibrierend „zrirr".

**Vorkommen:** Offene Landschaft, Feldgehölze, lichte Wälder, aber auch inmitten der Städte. Jahresvogel.

**Nahrung:** Mäuse und andere Kleinsäuger, Vögel, Kriechtiere, Insekten.

**Brut:** Nistet vor allem in alten Tauben-, Krähen- und Elsternestern, Horsten von anderen Greifvögeln, in Felsspalten und Mauerlöchern, in Scheunen und auf Kirchtürmen. 4 bis 6 gelblichweiße Eier, dicht rotbraun gefleckt. Eine Brut, Gelege ab April.

## Auerhuhn
*Tetrao urogallus*   E Capercaillie
Familie Rauhußhühner   F Grand tétras

<u>Merkmale:</u> Sehr großer Hühner-vogel; Hähne werden 86 cm lang, Weibchen bleiben mit 61 cm Länge deutlich kleiner. Gefieder des Hahnes dunkelgrau bis schwarz mit glänzend blaugrünen Partien; in den Flügeln Brauntöne, Flügelbug weiß. Über dem Auge nackte Hautstellen („Rosen"); zur Balzzeit am kräftigsten entwickelt. Weißlicher Schnabel, schwarzer Kinnbart. Henne auf der Oberseite braun, dunkel gestreift; auf der Brust rostrot und am Bauch hellbraun mit dunklen Flecken und Bändern. Relativ langer, abgerundeter Schwanz.

<u>Stimme:</u> Hennen rufen ähnlich wie Fasane, etwa „gok-gok". Hähne zeigen eine ausgedehnte Balzzeremonie mit Knappen, Hauptschlag und Schleifen; die ganze Folge ist 5 bis 6 Sekunden lang.

<u>Vorkommen:</u> Vor allem ruhige Misch- und Nadelwälder des Hügel- und Berglandes mit reichlichem Unterwuchs, besonders an Heidel- und Preiselbeeren. Jahresvogel.

<u>Nahrung:</u> Triebe von Pflanzen, Nadeln (besonders von Kiefern), Beeren, Kleintiere (Ameisen).

<u>Brut:</u> Die Henne brütet in einer flachen Mulde, meist am Fuß eines Baumes, manchmal auch zwischen niedrigen Zwergsträuchern. 7 bis 11 gelbbraune Eier mit dunklen Flecken, Gelege ab April. Eine Brut.

## Fasan
*Phasianus colchicus*
Familie Glattfußhühner

E Pheasant
F Faisan de chasse

**Merkmale:** Hähne werden 75 bis 90 cm lang, Hennen mit 50 bis 65 cm Länge kleiner. Auffälligstes Kennzeichen ist der lange Schwanz. Im bunten, schillernden Gefieder des Hahnes herrschen Braun- und Rottöne vor. Der schillernd grüne Kopf mit den kleinen Federohren ist meist durch einen weißen Halsring abgesetzt. Um die Augen herum rote Hautpartie. Hennen insgesamt hellbraun im Gefieder, dabei dunkel gefleckt und gestreift. Auffliegende Fasane sehr laut; fallen meist nach kurzem Flug mit abwechselnden Schlag- und Gleitphasen wieder ein.

**Stimme:** Vor allem beim Auffliegen hört man laute „gock-gock"-Rufe. Balz ab Mitte März mit Locken, Flattersprüngen und Rivalenkämpfen der Hähne; Rufe der Hähne wie „körrk-kok".

**Vorkommen:** Mehr ein Vogel der offenen Landschaft mit Hecken und Feldgehölzen; aber auch in Parkanlagen. Ursprünglich in Asien beheimatet; heute in weiten Teilen Europas eingebürgert und überall anzutreffen. Jahresvogel.

**Nahrung:** Vor allem Pflanzenteile und Samen, auch Kleintiere.

**Brut:** Nest am Boden, flache Mulde mit wenig Pflanzenmaterial ausgelegt; meist in dichter Vegetation oder unter niedrigen Büschen versteckt. 8 bis 12 braungraue bis olivfarbene Eier. Eine Brut, Gelege ab April.

## Teichhuhn

| | |
|---|---|
| *Gallinula chloropus* | E Moorhen |
| Familie Rallen | F Poule d'eau |

**Merkmale:** 33 cm langer, schlanker Wasser- und Schwimmvogel; mit den Enten aber nicht näher verwandt. Gefieder insgesamt schwärzlich; an der Seite gebrochenes, weißes Band; auffällige, weiße Unterschwanzdecken. Schwimmt unter Kopfnicken. Beim Schwimmen und Laufen zuckt der Schwanz vor allem erregter Vögel häufig auf und ab. Rote Stirnplatte, Schnabel rot mit gelber Spitze. Lange Beine mit langen Zehen, grünlich mit rotem Band. Beide Geschlechter gleich gefärbt. Junge bräunlicher, mit heller Kehle, Stirn und Schnabel oliv. Beim Auffliegen hängen Beine lang herunter. Meist einzeln auftretend.

**Stimme:** Rufe von Männchen und Weibchen kräftig „kürrk". Bei Erregung „kickeck" und scharf „ick-ick".

**Vorkommen:** An stehenden und langsam fließenden Gewässern mit genügend Ufervegetation; an Dorf- und Parkteichen und kleinen Weihern ebenso wie an Flüssen und Seen. Zur Nahrungssuche auch auf Wiesen und Feldern. Teilzieher, meist überwinternd.

**Nahrung:** Wasser- und Uferpflanzen, im Wasser lebende Kleintiere. Jahreszeitliche Unterschiede.

**Brut:** Nest gut gedeckt in der Ufervegetation nahe am Wasser. 5 bis 11 gelblich-bräunliche Eier mit dunkelbraunen Flecken. 2 Bruten, manchmal 3, ab April.

## Bläßhuhn
*Fulica atra*　　E Coot
Familie Rallen　　F Foulque macroule

<u>Merkmale:</u> Mit 38 cm Länge etwas größer als Teichhuhn, aber gedrungener. Mit diesem kaum zu verwechseln, da ganz schiefrig schwarz im Gefieder. Weiße Platte auf der Stirn, weißer Schnabel, graugrüne Beine, Zehen und Schwimmlappen olivgelb. Junge mit weißlicher Kehle und Brust, Stirnschild kleiner. Schwimmt unter Kopfnicken, taucht mit kleinem Sprung. Beim Auffliegen längeres Laufen auf der Wasseroberfläche. Nach Abheben Beine nach hinten ausgestreckt, überragen Schwanz.
<u>Stimme:</u> Lautes „köw, köw“, daneben durchdringende, wie „pix“ klingende Rufe. Auch stimmloses, kurzes „tsk“.

<u>Vorkommen:</u> Weiher und Seen, langsam fließende Flüsse, also wie Teichhuhn, aber im allgemeinen an größeren Gewässern. Jahresvogel, im Winter in großen Trupps auf stehenden Gewässern. Aufsuchen offener Wasserflächen und Sammeln an Stellen, wo Wasservögel gefüttert werden.
<u>Nahrung:</u> Starke jahreszeitliche Unterschiede; Wasserpflanzen, Samen, im Wasser lebende Kleintiere.
<u>Brut:</u> Nest meist gut gedeckt in der Ufervegetation, aber auch frei. 5 bis 10 Eier, hellgrau bis gelblich-weiß mit vielen feinen rotbraunen und schwarzen Punkten. Meist nur eine Brut, erste Gelege im März.

97

## Waldschnepfe
*Scolopax rusticola*
Familie Schnepfen

E Woodcock
F Bécasse des bois

**Merkmale:** Rund 35 cm lang. Ein gedrungener Vogel mit kurzem Hals und relativ kurzen Beinen. Auffällig der lange, hornfarbene Stocherschnabel, mit dem die Schnepfe im feuchten Waldboden nach Nahrung sucht. Wegen ihres erdfarbenen Gefieders ist eine sitzende Schnepfe nur schwer zu entdecken. Lediglich am Kopf fallen 3 breite, schwarze Querbänder auf; sonst gleicht das Gefieder dem Fallaub der Umgebung, wo sich der Vogel aufhält. Fliegt im Zickzack, stumm. Besonders in der Dämmerung aktiv.

**Stimme:** Rufe nur selten zu hören, fast ausschließlich in der Paarungszeit; in der Morgen- und Abenddämmerung „Schnepfen-strich", dann tiefe „quorr"-Laute, bis 4mal wiederholt, daneben ein scharfes „pitz". Hohes „ziwitz", im Herbst auch als Flugruf.

**Vorkommen:** Laubwälder, vor allem solche mit nicht zu dichtem Baumbestand, reicher Strauch- und Krautschicht, viel Fallaub und feuchtem Boden; Auwälder. Teilzieher.

**Nahrung:** Würmer, Schnecken, Insekten und andere Kleintiere, die am und im Boden leben.

**Brut:** Das Nest steht meist am Fuß von Bäumen; flache Mulde mit etwas Pflanzenmaterial aus der Umgebung. 4 Eier, gelblich-weiß mit am stumpfen Pol verdichteten, hellbraunen Flecken. Gelege ab zweiter Märzhälfte.

## Lachmöwe
*Larus ridibundus*
Familie Möwen

E Black-headed Gull
F Mouette rieuse

<u>Merkmale:</u> Mit 38 cm Länge etwa taubengroß. Beide Geschlechter gleich gefärbt. Gefieder weiß mit grauen Flügeldecken; Flügelenden schwarz umrandet. Im Brutkleid haben die Lachmöwen einen schokoladenbraunen Kopf mit einem hellen Ring um das Auge. Diese Kopffärbung verliert sich im Herbst. Im Winter haben die Vögel nur einen dunklen Fleck hinter dem Auge (siehe Foto). Rote Beine, rötlicher Schnabel mit schwarzer Spitze. Ganzjährig gesellig.

<u>Stimme:</u> Meist sehr laut. Rufe klingen wie „kwerr", auch kurz „kek" und hoch „pieh". Zur Brutzeit Reihen wie „rä-grä-grä-krääh-krääh".

<u>Vorkommen:</u> An Weihern, Seen und Flüssen; auch immer mehr an der Meeresküste. Bei der Nahrungssuche oft weitab vom Wasser, folgen den Bauern beim Pflügen. Jahresvogel; im Winter kommen Lachmöwen auch mitten in die Städte (Futterstellen).

<u>Nahrung:</u> Pflanzenteile und kleine Wassertiere; auch Brot.

<u>Brut:</u> Brüten in mehr oder weniger großen Kolonien (meist 10 bis 100 Paare) in Feuchtwiesen und Sumpfgebieten, in den Uferzonen stehender Gewässer und auf Inseln. Nest aus Stengeln und Blättern. Meist 3 Eier, braun bis olivgrün mit Flecken unterschiedlicher Größe und Farbe. Gelege ab April, eine Brut.

## Hohltaube
*Columba oenas*  E Stock Dove
Familie Tauben  F Pigeon colombin

**Merkmale:** 33 cm lang; beide Geschlechter gleich gefärbt. Oberseite blaugrau mit grün bis purpurrot schillernden Flecken an den Seiten des Halses. Unterseite etwas heller mit rötlichem Anflug auf der Brust. Auf den Flügeln zwei schwarze Querbinden; Schwanz mit breiter, schwarzer Endbinde. Keinerlei Weiß im Gefieder. Gelber Schnabel mit gelber Wachshaut. Füße korallenrot. Außerhalb der Brutzeit gesellig, dann auch in größeren Trupps mit anderen Taubenarten.

**Stimme:** Rufreihen klingen wie „hu-ru" oder „huh-hup", auf der ersten Silbe betont. Bei Störung kurz „ru".

**Vorkommen:** Größere Parks mit altem Baumbestand, Laub-, Misch- und Kiefernwälder. Vom Tiefland bis in Mittelgebirgslagen. Außerhalb der Brutzeit auf Feldern, die mit Gebüsch, Hekken und Feldgehölzen aufgelockert sind. Teilzieher, meist Wegzug.

**Nahrung:** Überwiegend pflanzlich; Blätter, Beeren und Samen krautiger Pflanzen, Bucheckern, Eicheln; auch wenige Kleintiere. Nahrungssuche am Boden.

**Brut:** Brütet in Höhlen, vor allem in verlassenen Baumhöhlen vom Schwarzspecht, nur ausnahmsweise in anderen Höhlen (auch in der Erde); nimmt Nistkästen an. 2 weiße Eier, Gelege ab Mitte März. 2 bis 3 Bruten im Jahr.

## Haustaube (Felsentaube)
*Columba livia*     E Rock Dove
Familie Tauben     F Pigeon biset

<u>Merkmale:</u> 33 cm lang. Stammform unserer Haustaube ist die Felsentaube. Deren typische Kennzeichen sind die beiden schwarzen Flügelbinden und der weiße Bürzel. Daneben fallen die glänzend grün und lila gefärbten Halsseiten auf. Haustauben gleichen bisweilen noch sehr den Felsentauben; die meisten weichen in Färbung und Zeichnung aber mehr oder weniger stark von der Wildform ab. Es gibt rotbraune, schwarze und weiße Formen. Geschlechter gleich gefärbt. Schnabel schwärzlich mit weißer Wachshaut. Meist gesellig.

<u>Stimme:</u> Typisches Gurren, das wie „u-ru-ku" klingt.

<u>Vorkommen:</u> Felsentauben leben an Felsküsten (vor allem England/Schottland), aber auch an Felswänden im Binnenland (vor allem Südeuropa). Haustauben leben überall in unseren Städten und Dörfern und sind mancherorts zu einer regelrechten Plage geworden; Bekämpfung mit unterschiedlichen Methoden.

<u>Nahrung:</u> Grüne Triebe, Knospen, Samen, Eicheln; kaum tierische Anteile.

<u>Brut:</u> Felsentauben nisten gewöhnlich in Höhlungen von Felswänden. Haustauben nisten auf Dachbalken, Fensterbänken und in Mauernischen an Gebäuden, aber auch innerhalb. 2 weiße Eier, meist mehrere Bruten im Jahr (ab März, aber auch im Winter).

Teilzieher

## Ringeltaube
*Columba palumbus*  E Wood Pigeon, Ring Dove
Familie Tauben  F Pigeon ramier

**Merkmale:** Mit reichlich 40 cm Länge deutlich größer als Haustaube, Hohltaube und Türkentaube. In der Grundfärbung des Gefieders Hohltaube und Felsentaube ähnlich, aber deutlich zu unterscheiden an den weißen Flecken an den Kopfseiten und den weißen Flügelbinden, die vor allem im Flug sichtbar werden. Männchen und Weibchen gleich gefärbt. Fliegt häufig mit lautem Klatschen der Flügel ab.
**Stimme:** Das Gurren ist eine Reihe von fünf oder sechs Tönen, der zweite oder dritte betont, etwa „ku-ku-ru-ku-ku".
**Vorkommen:** Wälder und Feldgehölze, Parks und Friedhöfe, immer mehr in Städten. Teilzieher.
**Nahrung:** Grüne Blätter, Beeren, Samen, Eicheln, Bucheckern.
**Brut:** Das Nest ist ein schlampiger Bau aus dünnen Reisern; oft kann man von unten hindurchsehen. Meist auf Bäumen und Sträuchern. 2 weiße Eier, wohl mehrere Bruten ab April.

**Verhalten**

Im Frühjahr kann man den auffälligen Balzflug der Ringeltauben beobachten. Der Tauber steigt 20 bis 30 m hoch und gleitet dann mit gestreckten Flügeln und gespreiztem Schwanz abwärts; vor der Gleitphase oft Flügelklatschen. Oft 2- bis 5mal wiederholt.

### Türkentaube
*Streptopelia decaocto*
Familie Tauben

E Collared Turtle Dove
F Tourterelle turque

**Merkmale:** Mit 28 cm Länge kleinste der einheimischen Tauben. Beide Geschlechter gleich gefärbt. Gefieder bis auf die blaugrauen Decken der äußeren Flügelfedern und die weißen Schwanzseiten einfarbig sandbraun. Kopf und Unterseite blasser als Oberseite. Wichtigstes Kennzeichen ist der schwarze, weiß eingefaßte Nackenring; fehlt nur bei Jungvögeln bis zum Alter von etwa 5 Wochen. Bei plötzlichem Auffliegen Flügelklatschen; singendes Flügelgeräusch. Im Flug sieht man, daß der Schwanz auf der Unterseite schwarz ist und eine weiße Endbinde zeigt. Balzflug des Männchens mit 2 bis 3 raschen Flügelschlägen, danach Gleiten. Außerhalb des Reviers gesellig.

**Stimme:** Rufreihe klingt wie „kuku-ku", auf der zweiten Silbe betont. Warnruf kurz „rru". Vor allem im Flug auch heiser „chräi".

**Vorkommen:** Erst vor einigen Jahrzehnten von Asien über Südosteuropa nach Mitteleuropa eingewandert. Heute überall in Städten und Dörfern zu beobachten. Jahresvogel.

**Nahrung:** Überwiegend pflanzlich; Keimlinge und Blätter, Grassamen, Früchte von Sträuchern, auch Tierfutter und Brot.

**Brut:** Nest aus Reisig, gewöhnlich auf Bäumen, bisweilen auch an Gebäuden. 2 weiße Eier. 2 bis 4 Bruten ab März.

## Kuckuck

*Cuculus canorus*  E Cuckoo
Familie Kuckucke  F Coucou gris

Merkmale: 33 cm lang. Blaugraue Oberseite und Kehle, Unterseite sonst in der Grundfärbung weißlich, fein dunkel gebändert („gesperbert"). Schwanz dunkler, mit weißen Flecken und am Ende gerundet. Im Flug fallen die spitzen Flügel und der lange Schwanz auf. Beide Geschlechter gleich gefärbt. Gelegentlich treten braune Exemplare auf („braune Phase"). Ausgesprochener Einzelgänger.
Stimme: Rufe zweisilbig (gelegentlich dreisilbig) „kuckuck" (daher der Name). Daneben fauchende Rufe und vom Weibchen schallende „kwi-kwi-kwi"-Rufreihen.
Vorkommen: Parks und Wälder; mit Buschgruppen, Hecken und Feldgehölzen durchsetzte offene Landschaft. Sommervogel.
Nahrung: Kleintiere.
Brut: Baut kein eigenes Nest. Das Weibchen legt seine Eier in die Nester verschiedener anderer Vogelarten (Kleinvögel bis Drosselgröße).

### Brutbiologie

Der Kuckuck ist der einzige Vogel in der einheimischen Vogelwelt, der das Bebrüten der Eier und die Aufzucht der Jungen anderen Vögeln überläßt. Man spricht von einem Brutschmarotzer bzw. nennt dieses Phänomen Brutparasitismus.

## Schleiereule

*Tyto alba*  E Barn Owl
Familie Schleiereulen  F Chouette effraye

**Merkmale:** Eulen sind dämmerungs- und nachtaktive Beutegreifer. Auffällig ist der meist große, weit drehbare Kopf mit den nach vorne gerichteten Augen und dem Federschleier, der als Schallreflektor dient. Die Schleiereule ist mit 34 cm Länge eine mittelgroße Eule. Von den anderen einheimischen Eulen vor allem durch das sehr helle Gefieder, den herzförmigen Schleier und die langen Beine zu unterscheiden. Oberseite gelbbraun und grau gefärbt und fein dunkel gesprenkelt. Unterseite meist ganz weiß, bisweilen auch hell gelbbraun bis sogar rostbraun. Geschlechter gleich gefärbt.
**Stimme:** Sehr abwechslungsreich; schnarchende, kreischende und zischende Laute. Junge mit schnarchendem Betteln. Schnabelknappen.
**Vorkommen:** Brütet bevorzugt in menschlichen Siedlungen, braucht aber offene Flächen zum Jagen. Jahresvogel, im Winter bei Nahrungsmangel Wanderungen.
**Nahrung:** Kleinsäuger, vor allem Feldmäuse, auch Langschwanz- und Spitzmäuse; daneben wenig Kriechtiere und Vögel.
**Brut:** Nester in geräumigen, dunklen Nischen in Scheunen, Ruinen und auf Kirchtürmen. Künstliche Nisthilfen werden gerne angenommen. 4 bis 7 weiße Eier, Gelege ab März. In guten Mäusejahren Zweitbruten.

### Uhu
*Bubo bubo*      E Eagle Owl
Familie Ohreulen und Käuze     F Hibou grand-duc

**Merkmale:** Mit 61 bis 71 cm Länge größte einheimische Eule überhaupt. Neben der Größe fällt vor allem der breite, rechteckige Kopf mit den fast waagerecht abstehenden Federohren auf. Große orangerote Augen. Schnabel und Krallen schwarz. Gefieder auf der Ober- und der Unterseite in der Grundfarbe gelblichbraun. Auf der Oberseite gefleckt, auf der Unterseite kräftig längs gefleckt bis gestreift. Männchen und Weibchen gleich gefärbt.
**Stimme:** Kurze, tiefe Rufe, die wie „u-hu" (Name!) klingen; in der Paarungszeit (Februar bis April) monoton gereiht, alle 8 bis 10 Sekunden wiederholt. Warnruf hart „gräck". Betteln der Jungen im Horst meistens weit zu hören.
**Vorkommen:** Reich gegliederte Landschaft mit großen Wäldern, offenen Flächen und Felswänden. Im Bestand gefährdet, erfolgreiche Versuche zur Wiedereinbürgerung. Jahresvogel.
**Nahrung:** Säugetiere und Vögel, auch Lurche. Uhus schlagen Beute bis zur Größe von Hasen. Im Winter nehmen sie auch Aas an.
**Brut:** Brütet meist auf Felsbändern und in Felsnischen, aber auch in hohlen Bäumen und in alten Horsten von Greifvögeln, Reihern und Störchen. Reagiert empfindlich auf Störungen am Brutplatz. 2 bis 4 weiße Eier, eine Brut. Gelege schon ab Ende Januar, meist erst ab März.

### Steinkauz
*Athene noctua*
Familie Ohreulen und Käuze

E Little Owl
F Chouette chevêche

**Merkmale:** Mit knapp 22 cm Länge eine kleine und wendige Eule mit breitem, flachen Kopf ohne Federohren, kurzer Schwanz. Oberseite dunkel graubraun gefärbt, weiß gefleckt und gebändert; Unterseite weißlich gefärbt und dunkel graubraun gefleckt und gestreift. Große, gelbe Augen. Geschlechter gleich. Ruckartige Bewegungen.

**Stimme:** Wie „kwiu" klingende, durchdringende Rufe. Als Reviergesang des Männchens werden die Rufe monoton gereiht und 12– bis 20mal in der Minute wiederholt. Auch klagend „guck". Warnruf kurz „kjä" oder „kju".

**Vorkommen:** Offene Landschaft mit Kopfweiden, alte Obstbaumbestände, Steinbrüche und Dörfer. Jahresvogel.

**Nahrung:** Kleinsäuger, Vögel, Kriechtiere, Lurche, Insekten.

**Brut:** Brütet in Baumhöhlen, Fels- und Erdhöhlen, in Scheunen und Ställen. 3 bis 5 weiße Eier. Eine Brut. Gelege ab Mitte April.

#### Hilfsmaßnahmen

Durch den Wegfall alter Kopfbäume ist der Steinkauz im Bestand bedroht. Wo solche Bäume noch vorhanden sind, sollten sie erhalten und gepflegt werden. Eine weitere wichtige Stützung der Bestände erfolgt durch das Aufhängen von künstlichen Nisthöhlen.

## Waldkauz
*Strix aluco*  E Tawny Owl
Familie Ohreulen und Käuze  F Chouette hulotte

**Merkmale:** 38 cm lang; mittelgroße braune Eule mit großem, rundem Kopf ohne Federohren und großen, dunklen Augen. Oberseite meist rostbraun über gelblichbraun bis graubraun, mit weißen Tropfenflecken und dunklen Fleckenstreifen. Unterseite heller graubraun mit dunklen Fleckenstreifen. Gesichtsmaske einfarbig graubraun. Beide Geschlechter sind gleich gefärbt. Im weißlichen Dunen- und hell gelblich-braunen Jugendkleid quer gebändert.
**Stimme:** Rufe typisch, klingen wie „hu-hu-u", auch etwas kürzere Rufe gereiht „u-u-u-u"; daneben gellende „kuwick"-Rufe. Waldkäuze rufen oft schon im ausgehenden Winter. Bei Aggression hart „kwitt".
**Vorkommen:** Gärten und Friedhöfe mit altem Baumbestand, große Parks und Wälder (lichte Altholzbestände) bis in Berglagen. Jahresvogel.
**Nahrung:** Vielseitig. Kleinsäuger, vor allem Mäuse, Vögel und Lurche. Erbeutet auch kleinere Eulenarten, daher in manchen Gebieten Problemvogel.
**Brut:** Brütet in großen Baumhöhlen, auch in entsprechend geräumigen Nistkästen; darüber hinaus in Felshöhlen, Ruinen, Scheunen, auf Dachböden und Kirchtürmen. 3 bis 5 weiße Eier, Legebeginn Februar/März. Am Brutplatz sehr aggressiv.

## Waldohreule
*Asio otus*
Familie Ohreulen und Käuze

E Long-eared Owl
F Hibou moyen-duc

<u>Merkmale:</u> Mit knapp 36 cm Länge etwas kleiner als Waldkauz. Durch den mehr eckigen Kopf, die aufrecht stehenden Federohren am Kopf und die orangeroten Augen leicht vom Waldkauz zu unterscheiden. Oberseite gelblich, grau und braun marmoriert; Unterseite gelbbraun, mit dunkelbraunen ausgefransten Streifen. Schnabel grau. Geschlechter gleich.

<u>Stimme:</u> Rufe fast nur zur Paarungszeit zu hören. Tief „u-u-u", auch leise monoton gereiht. Daneben klagende Rufe; Warnruf schrill „uäk". Fiepen der Jungen. Bei der Flugbalz Flügelklatschen.

<u>Vorkommen:</u> Parks, Feldgehölze und Wälder (Nadelwälder). Jahresvogel.

<u>Nahrung:</u> Kleinsäuger.

<u>Brut:</u> Brütet in alten Nestern von Tauben, Krähen und Elstern und in alten Horsten von kleinen Greifvögeln und Reihern, auch in Eichhörnchenkobeln. In Baumgruppen, Feldgehölzen, an Waldrändern. 4 bis 5 weiße Eier. Eine Brut, Gelege ab März.

**Lebensweise**

Im Winter tauchen Waldohreulen bisweilen regelmäßig an Ruheplätzen auf Friedhöfen, in Parks und Gärten auf. Traditionelle Tagesschlafplätze werden oft jahrelang hintereinander benutzt.

## Schwarzspecht
*Dryocopus martius*  E Black Woodpecker
Familie Spechte  F Pic noir

**Merkmale:** Mit rund 45 cm Länge krähengroß und bei weitem der größte unter den europäischen Spechten. Auf Grund des einfarbig schwarzen Gefieders eindeutig zu erkennen. Das Männchen hat eine rote Kopfplatte, das Weibchen lediglich einen roten Hinterkopf. Augen gelb, ebenso der Schnabel. Klettert mit gegrätschten Beinen.

**Stimme:** Klagend und gezogen „kliöh"; zur Paarungszeit auch Rufreihen, die wie „gück-gück-gück" klingen, meist im Flug vorgetragen. Trommelt mit 17 Schlägen pro Sekunde, 2- bis 3mal in der Minute.

**Vorkommen:** Alte Baumbestände in Wäldern, sowohl Nadel- wie Mischwäldern, auch reinen Laubwäldern. Jahresvogel.

**Nahrung:** Ameisen und andere Insekten wie Borkenkäfer, daneben andere Kleintiere.

**Brut:** Zimmert entsprechend seiner Größe großvolumige Höhlen mit weitem Einschlupfloch, meist in beträchtlicher Höhe (8 bis 15 m, im Höchstfall 25 m) über dem Boden. 3 bis 5 weiße, glänzende Eier. Eine Brut, Gelege ab März.

**Verhalten**

Auf die Anwesenheit des Schwarzspechtes weisen bei der Nahrungssuche zerhackte morsche Baumstümpfe hin.

**Elster**
*Pica pica*   E Magpie
Familie Rabenvögel   F Pie bavarde

**Merkmale:** Knapp 46 cm lang, einschließlich des auffällig langen, gestuften Schwanzes. Gefieder kontrastreich schwarz-weiß gefärbt, je nach Beleuchtung mit metallisch-grünem Glanz. Geschlechter gleich gefärbt. Gefieder der Jungen noch ohne Metallglanz. Flatternder Flug, am Boden hüpfend.

**Stimme:** Laute und auffällige Rufe, übersetzt „schack-schack-schack-schack" klingend, so als ob man eine halbvolle Streichholzschachtel schüttelt. In der Paarungszeit auch abwechslungsreiches Geschwätz.

**Vorkommen:** Offenes Gelände mit Baumgruppen, Feldgehölze, Parks und Gärten; als Kulturfolger neuerdings immer mehr mitten in menschlichen Siedlungen. Jahresvogel.

**Nahrung:** Sehr vielseitig. Insekten und deren Larven, Spinnen, Würmer, Schnecken, Lurche, Eier und Junge von Vögeln, Früchte, Samen, Abfälle und Aas.

**Brut:** Baut große Nester aus sparrigen Ästen und Zweigen, tiefe Mulde mit feinem Pflanzenmaterial und Erde ausgelegt, überdacht; insgesamt kugel- oder eiförmiger Bau mit seitlichem Eingang. In mehr oder weniger hohen Bäumen. 6 bis 7 Eier; Färbung sehr variabel, auf gelblichem, grünlichem oder grauem Grund braun und grau gefleckt. Eine Brut, Gelege ab April.

## Eichelhäher
*Garrulus glandarius*    E Jay
Familie Rabenvögel    F Geai des chênes

**Merkmale:** Rund 35 cm lang. Männchen und Weibchen gleich gefärbt. Oberseite dunkel rötlichbraun, auf dem Kopf feine schwarze Fleckenstreifen. Die Kopffedern können – vor allem bei Erregung – gesträubt werden. Unter dem Auge kurzer, breiter, schwarzer Streifen von der Schnabelwurzel abwärts. Augen hellblau. Flügel schwarz mit weißem Feld und blauschwarz gestreiften Federn am Bug. Bürzel weiß, Schwanz schwarz gefärbt. Unterseite hell rötlichbraun. Flug langsam, wirkt etwas flatternd.
**Stimme:** Typisches „Rätschen", vor allem als Warnruf bei Störungen. Daneben auch andere rauhe, knackende und miauende Rufe.

**Vorkommen:** Größere Parks, Feldgehölze, Wälder vom Tiefland bis in Berglagen. Überwiegend Jahresvogel.
**Nahrung:** Samen und Früchte, vor allem Eicheln und Bucheckern; auch Insekten und kleine Wirbeltiere, Eier und Junge von Singvögeln. Als „Wintervorrat" werden Nüsse, Eicheln und Bucheckern zwischen Wurzeln, Laub und in der Rinde von Bäumen versteckt. Nur geringe Wiederfundquote (Naturverjüngung!).
**Brut:** Nest aus Reisig, meist in geschlossenen Laub- oder Nadelbaumbeständen. 5 bis 6 blaßgrüne Eier mit feiner, rotbrauner Zeichnung. Eine Brut, Gelege ab April.

 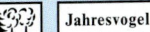
## Tannenhäher
*Nucifraga caryocatactes*
Familie Rabenvögel

E Nutcracker
F Casse-noix moucheté

**Merkmale:** Mit knapp 32 cm Länge etwas kleiner als Eichelhäher. Schokoladenbraun in der Grundfärbung, dabei auf Rücken, Brust und Bauch kräftig weiß getüpfelt. Kopfplatte und Nacken einheitlich braun, Kopfseiten weiß gesprenkelt. Flügel schwarz. Auffällig die weißen Unterschwanzdecken und die weiße Endbinde auf der Unterseite des Schwanzes. Geschlechter gleich gefärbt.
**Stimme:** Manche Rufe klingen wie „rätsch" und erinnern an den Eichelhäher. Daneben harte, schnarrende Rufe, die wie „kror" klingen, mitunter gereiht.
**Vorkommen:** Hauptsächlich in den Nadelwäldern der Gebirge (Alpen). Jahresvogel.
**Nahrung:** Nüsse, Eicheln und Samen von Nadelbäumen, Früchte, Beeren; im Sommer auch Insekten. Versteckt Nüsse als Wintervorrat.
**Brut:** Nest aus Reisig auf Nadelbäumen. 3 bis 5 Eier mit hellgrünem, hellblauem oder weißlichem Grund, olivbraun und grau gefleckt. Eine Brut, ab März.

**Andere Rasse**

Im Winter tauchen bei uns bisweilen invasionsartig Tannenhäher aus Sibirien auf. Diese Vögel haben einen etwas längeren und dünneren Schnabel als die der Alpen. Oft wenig scheu.

## Dohle

*Corvus monedula*
Familie Rabenvögel

E Jackdaw
F Choucas des tours

**Merkmale:** Mit 33 cm Länge knapp so groß wie Eichelhäher. Bis auf den grauen Hinterkopf einfarbig schwarz im Gefieder. Männchen und Weibchen gleich gefärbt. Schneller, gewandter Flug; am Boden lebhaft. Meist trifft man die Vögel in Gemeinschaft mit Artgenossen an; bilden auch größere, lärmende Trupps, bisweilen vergesellschaftet mit anderen Krähenarten.

**Stimme:** Ganz typische Rufe, die wie „kjack" klingen; bei Erregung werden diese Rufe auch gereiht. Auch schnarrend „kjärr". Gesang ein leises, abwechslungsreiches Schwätzen.

**Vorkommen:** Offene Landschaft, Feldgehölze, Parkanlagen; auch in Steinbrüchen, um Burgen und Ruinen herum und mitten in Städten. Vor allem im Tiefland. Jahresvogel; im Winter bei uns viele Zuzügler aus anderen Gebieten.

**Nahrung:** Allesfresser. Kleintiere, Pflanzenteile, Sämereien. Nahrungssuche meist in Trupps, auf Feldern, auch Müllkippen.

**Brut:** Nistet an allen möglichen Stellen; in Baumhöhlen, Felsspalten, Löchern in Erdwänden, alten Nestern von Saatkrähen, auf Kirchtürmen, in Schornsteinen oder auch in Nistkästen. Fast immer kolonienartig mit Artgenossen zusammen brütend. 3 bis 6 blaßblaue Eier mit dunkleren Flecken. Eine Brut, erste Gelege im April.

## Rabenkrähe (Aaskrähe)
*Corvus corone*
Familie Rabenvögel

E Carrion crow
F Corneille noire

**Merkmale:** 47 cm. Ganz schwarz im Gefieder, je nach Beleuchtung leicht glänzend; schwarzer Schnabel. Beide Geschlechter gleich gefärbt. Meist einzeln oder paarweise, im Winter bisweilen in großen Trupps. An immer wieder aufgesuchten Schlafplätzen kommen oft Hunderte oder gar Tausende von Vögeln zusammen.
**Stimme:** Rauh „krah", meist einige Male wiederholt. Der Gesang ist ein abwechslungsreiches Schwätzen mit eingebauten Imitationen anderer Vogelstimmen.
**Vorkommen:** Offene Landschaften, Wälder und Parks. Jahresvogel, außerhalb der Brutzeit umherstreifend.
**Nahrung:** Allesfresser; Kleintiere, Jungvögel, Aas, Pflanzenteile, Sämereien, auch Abfälle.
**Brut:** Nester aus Reisig hoch auf Bäumen, gelegentlich an Felsen. 4 bis 6 hellblaue oder grünliche, braun und grau gesprenkelte Eier. Eine Brut, Legebeginn Ende März/Anfang April.

**Andere Rasse**

Neben der Rabenkrähe kommt bei uns im Winter die Nebelkrähe als zweite Rasse der Aaskrähe vor. Diese Vögel wandern aus Osteuropa zu. Man kann sie leicht an dem grauen Rücken und Bauch von der Rabenkrähe unterscheiden.

Lange Zeit hat man kaum bemerkt, daß hier ein Vogel nicht mehr sang, dort nicht mehr brütete, daß die gesamte Vogelwelt verarmte. Dann brachte im Jahr 1962 die amerikanische Biologin Rachel Carson ihr aufrüttelndes Buch „Silent Spring" – in der deutschen Ausgabe „Der stumme Frühling" – auf den Markt. In diesem Buch ist der Frühling ohne die Rufe und Gesänge unserer Vögel makaberes Zeichen für die immer stärker um sich greifende Vergiftung der Landschaft mit Pestiziden. Damals löste das Buch heftige Kontroversen aus, griff die mutige Frau doch eine mächtige Industrie an. Heute wissen wir, wie recht Rachel Carson gehabt hat. Im Gegenteil: Die Probleme, die die amerikanische Biologin vor nunmehr einem Vierteljahrhundert anpackte, sind aktuell wie eh und je. Wir haben viel zu langsam auf die Verarmung unserer Umwelt reagiert. Die Belastung unserer Umwelt mit Pestiziden, Schwermetallen und anderen Schadstoffen und damit beispielsweise die Vernichtung der Nahrungsgrundlage vieler Insektenfresser griffen weiter um sich. Die Beseitigung von wichtigen Kleinbiotopen in den Dörfern und Städten nahm immer mehr zu, die Flurbereinigung ging munter weiter. Man könnte dieses ökologische Sündenregister leicht fortsetzen. Heute sind wir so weit, daß wir einsehen, daß es nicht so weitergehen kann. Aber zwischen dem Beschreiben und dem Verändern einer Situation liegen eben Welten.

Immerhin haben wir heute wenigstens eine verläßliche Beschreibung der Bedrohung unserer Tier- und Pflanzenwelt vorliegen. Dieses Werk heißt „Rote Liste der gefährdeten Tiere und Pflanzen in der Bundesrepublik Deutschland", in der ersten Auflage von 1977 noch ein schmales Bändchen von 68 Seiten, in der vierten Auflage von 1984 ein ansehnliches Buch von 272 Seiten. Hier ist alles verzeichnet, was die Biologen und Naturschützer heute über den Gefährdungsgrad von Tieren und Pflanzen in unserem Land wissen – eine beeindruckende Arbeit und eine traurige Bilanz zugleich. Kennzeichen der „Roten Liste" ist die Zuordnung der Arten zu Gefährdungskategorien. Die in diesem Naturführer beschriebenen Arten sind danach wie folgt einzuordnen:

**Kategorie 0**
**= Ausgestorben oder verschollen:**
--

**Kategorie 1**
**= Vom Aussterben bedroht:**
Auerhuhn

**Kategorie 2**
**= Stark gefährdet:**
Neuntöter
Hohltaube
Uhu
Steinkauz

**Kategorie 3**
**= Gefährdet:**
Wendehals
Wasseramsel
Waldschnepfe
Schleiereule

**Kategorie 4**
**= Potentiell gefährdet:**
Alpensegler
Sprosser
Sperber
Habicht

Hier kann nicht weiter auf mögliche Probleme der Einordnung dieser oder jener Vogelart in diese oder jene Kategorie eingegangen werden, nur soviel: Die „Rote Liste" zeigt ganz klar die Gefährdung vieler unserer Vogelarten auf. Dabei überwiegen die Arten der Feuchtgebiete, darunter sind aber auch einige, die in Wald, Park und Garten zu Hause sind.

Wie die Frage der Einstufung der einzelnen Vogelarten in die Gefährdungskategorien würde die Frage nach den Ursachen der Verarmung der Vogelwelt in Mitteleuropa eigentlich ebenfalls eine sehr differenzierte Antwort erfordern. Sie kann sich hier jedoch nur auf einige Faktoren beschränken. Zum einen werden in unserem Land Lebensräume verändert – dies zwar schon seit Jahrhunderten, mit ungeheuer erhöhtem Tempo aber besonders seit den fünfziger Jahren. Was wird da alles trockengelegt, asphaltiert, betoniert, in Straßen und Industrieflächen umgewandelt!? Die Verfasser der „Roten Liste" nennen denn auch vor allem folgende wichtige Ursachen der Gefährdung der Vogelwelt:

1. Entwässerung von Feuchtgebieten, wasserbauliche Maßnahmen und Gewässerverschmutzung,

2. flächendeckende und intensive Nutzung des Grün- und Ackerlandes mit den entsprechenden Begleiterscheinungen wie Flurbereinigung, Aufgabe extensiver Methoden zugunsten großflächiger Monokulturen, Düngung, Einsatz von Pflanzenschutzmitteln,

3. großflächige Umwandlung der Wälder in Monokulturen, Aufforstung von trockengelegten Moorflächen, von Heide- und Wiesenflächen.

Man kann also summarisch eine großräumige Vernichtung von Lebensräumen feststellen. Diese muß natürlich massive Auswirkungen auf den jeweiligen Vogelbestand haben; eine starke Verarmung unserer Pflanzen- und Tierwelt ist die Folge. Allerdings sind die Vogelarten, die in Wald, Park und Garten leben, noch vergleichsweise wenig betroffen, sieht man einmal von der Gefährdung der Großvögel ab. Dies ist aber kein Grund, sich nicht konsequent für unsere Natur einzusetzen und entsprechende gesetzliche Regelungen zu fordern. Auf der anderen Seite kann auch jeder einzelne auf sinnvolle Weise Vogelschutz betreiben, etwa im eigenen Garten. Selbst kleine Schritte helfen den Vögeln, in einer häufig so vogelfeindlichen Umgebung zu überleben.

Will man der Verarmung unserer Vogelwelt wirksam Einhalt gebieten, so ist ein Umdenken in unserer Gesellschaft, sind konkrete Schritte notwendig. Einiges ist zwar im Naturschutzgesetz festgehalten, ein Gesetz kann aber immer nur den Rahmen schaffen, aus dem weiteres folgen muß. So wurden und werden beispielsweise auf gesetzlicher Grundlage Landschaftsschutzgebiete, Naturschutzgebiete und Nationalparks eingerichtet, um die Reste ursprünglicher Natur für folgende Generationen zu bewahren. Dies ist sicher notwendig, nur müssen die Schutzgebiete Ökosysteme schützen. Mit anderen Worten, sie müssen genügend große Flächen umfassen, und das ist im dicht besiedelten Mitteleuropa oft nur unter erheblichen Problemen zu verwirklichen. Naturschutzgebiete von einer Größe im Hektarbereich können aber der Verarmung unserer Pflanzen- und Tierwelt auf Dauer nicht entgegenwirken.

Auf der anderen Seite muß versucht werden, im Umgang mit Natur und Landschaft neue Wege zu gehen. Die Verwandlung von Teilen unserer Landschaft in Agrarsteppen muß gestoppt oder gar rückgängig gemacht werden. Jede einmal verschwundene und heute wieder neu angelegte Schlehenhecke bedeutet Brutplätze für Goldammer, Dorngrasmücke und Neuntöter. Jede nicht mit Bauschutt aufgefüllte, sondern renaturierte Kiesgrube kann zum Lebensraum für die Uferschwalbe werden. In einer erhaltenen oder wiederhergestellten Feuchtwiese können Kiebitz, Uferschnepfe, Brachvogel und Rotschenkel brüten. In jedem Weiher, der nicht zu einer wilden Müllkippe verkommen ist, können Teichhuhn und Zwergtaucher ihre Jungen aufziehen. Kurz: Es gibt viele kleine Gebiete, die in naturnahem Zustand erhalten oder wieder in einen solchen Zustand versetzt werden können. Insgesamt ergibt sich ein Mosaik von Lebensräumen, das ökologisch vielfältiger und damit stabiler ist als eine monotone Agrar- und Industrielandschaft, wie wir sie heute großflächig vorfinden.

Hier müßten vor allem die Gemeinden tätig werden. Tatsächlich wird die Initiative aber oft den Natur- und Umweltschutzverbänden oder gar engagierten Privatpersonen überlassen. Angesichts der Geldmengen, die für alles mögliche ausgegeben werden, ist es beschämend, daß wesentliche Probleme, die unsere Lebensweise mit sich bringt, von freiwilligen, ehrenamtlich tätigen und unbezahlten Helfern angepackt werden, die häufig auch noch das Geld für den geplanten Folienteich aus eigener Tasche zuschießen. Andererseits kann man nicht immer warten, bis sich die Verwaltung in Bewegung setzt. Man muß als einzelner selbst aktiv werden, vielleicht zunächst den eigenen Garten „vogelgerecht" gestalten.

Aktiv-
teil

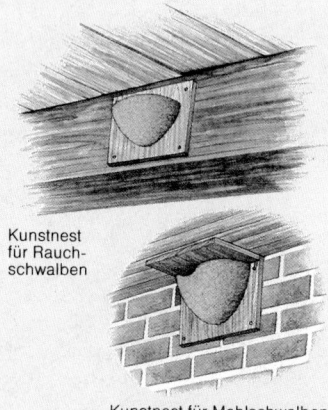

Kunstnest für Rauchschwalben

Kunstnest für Mehlschwalben

Starenkasten

Jeder, der einen Garten hat, hat bestimmte Vorstellungen, wie dieses kleine Stück „Natur" rund um das Haus aussehen soll. Der Garten kann beispielsweise aus einer Rasenfläche mit ein paar gepflegten Blumenbeeten darum bestehen. Ein solcher Garten mag schön anzusehen sein, die Lebensmöglichkeiten für Pflanzen und Tiere sind aber eher beschränkt. Ein Garten kann auch ganz anders aussehen. Unter den Stichworten „Bio-Garten" und „Öko-Garten" wurden in den letzten Jahren viele neue Vorschläge hin zu mehr naturnahen Gärten gemacht. Es ist beispielsweise nicht schwer, aus einem Rasen eine bunte Wiese zu machen. Man muß die Pflanzen einfach wachsen lassen. Im Laufe der Zeit siedeln von selbst alle möglichen Arten an. Wem das zu lange dauert, der kann der Natur mit käuflicher Samenmischung etwas nachhelfen. Eine solche Wiese bietet natürlich einer wesentlich vielfältigeren Tierwelt Lebensmöglichkeiten als eine Rasenfläche. Vor allem Insekten werden sich einfinden, die ihrerseits die Nahrungsgrundlage für verschiedene Vogelarten bilden. Jetzt können sich diese Vögel einstellen.

Trockene Samenstände von Stauden sollte man im Herbst nicht einfach abschneiden und in den Mülleimer werfen, man sollte sie vielmehr stehen lassen, denn auch dort findet mancher Kleinvogel Nahrung.

Einzelne Büsche, Buschgruppen und Hecken im Garten lockern nicht nur die Struktur auf, sie bieten auch vielen Kleinvogelarten Nistmöglichkeiten. Ganz nebenbei werden die Früchte der Sträucher im Spätsommer und Herbst

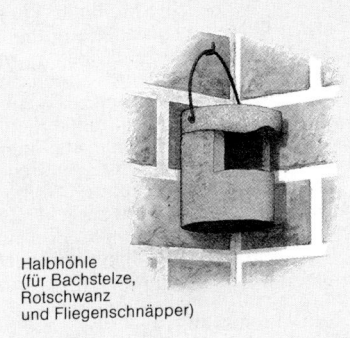

Halbhöhle
(für Bachstelze,
Rotschwanz
und Fliegenschnäpper)

Blechmanschette
zum Schutz gegen
Katzen und
Marder

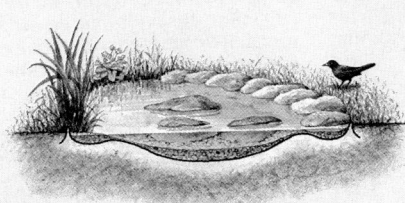

Künstlich angelegte
Folientränke

von vielen Vögeln gerne gefressen. Auf diese Weise lockt man also Vögel in den eigenen Garten, die man vielleicht einfach gerne aus nächster Nähe beobachten möchte.

Schließlich sind noch die Fassadenbegrünungen zu erwähnen. In einem dichten Rankenwerk von Efeu oder Wildem Wein finden zahlreiche Kleintiere neue Lebensmöglichkeiten – Voraussetzung für die Ansiedlung von Vögeln. Die Vögel finden in begrünten Fassaden aber nicht nur Nahrung, sondern auch Brutmöglichkeiten. Und nebenbei schützt die Begrünung die Fassade des Hauses vor Witterungseinflüssen, verbessert die Klimatisierung des Hauses und hilft letztlich Heizkosten einzusparen.

Wer nun fragt, ob sich denn dieser Aufwand wegen der paar Spatzen, Amseln oder Meisen lohne, dem sei gesagt, daß man davon ausgehen kann, daß rund 40 Vogelarten (also fast die Hälfte der in diesem Führer beschriebenen Arten) in naturnahen Gärten Lebensmöglichkeiten finden können. Deshalb kann jeder Gartenbesitzer sehr wohl im Sinne des Vogelschutzes tätig werden, wenn er den eigenen Garten in einen „Lebensraum aus zweiter Hand" umgestaltet.

Als sozusagen „flankierende Maßnahmen" kann man dann noch folgende konkrete Projekte angehen. Man kann

– Nisthilfen und Nistkästen anbieten,

– Vogeltränken anlegen,

– Winterfütterung betreiben.

Unter Nisthilfen im weiteren Sinne sind alle Maßnahmen zu verstehen, die Vögeln helfen, ein Nest zu bauen und zu brüten. Man kann beispielsweise Büsche so schneiden, daß Astwirbel entstehen, in die ein Vogel sein Nest hängen kann. Man kann auch für die Schwalben etwas tun. Gerade diese Vögel, die sich so eng an den Menschen angeschlossen haben, sind durch die Veränderungen in der Umwelt stark betroffen. Sie finden in einer betonierten Umwelt keinen feuchten Lehm als Baumaterial mehr, und manche Nester fallen einfach von den Wänden, wenn in der Nähe des Hauses ein schweres Fahrzeug vorbeidröhnt. Man bringt also unter den Dachvorsprüngen Brettchen an, auf denen Mehlschwalben ihre Nester errichten können. Und damit die Vögel Baumaterial finden, bietet man ihnen in der Nähe eine ständig feuchte Lehmpfütze an. Dies ist nicht schwer, man geht genauso vor wie bei der Anlage eines Folienteiches. Man hebt also etwas Boden aus, legt die Vertiefung mit Teichfolie aus und bringt Lehm hinein, den man nun ständig gießt. Wem die Schwalben ganz besonders am Herzen liegen, der kann auch gleich vorgefertigte Schwalbennester anbringen.

Eine beliebte Methode, Vögel im Garten anzusiedeln, ist das Aufhängen von Nistkästen. Es macht zwar ein wenig Arbeit, einen solchen Nistkasten zu bauen, aufzuhängen und alljährlich im Herbst zu reinigen, aber man hat an den darin brütenden Vögeln ja auch seine Freude. Wenn man den Kasten entsprechend plaziert, kann man die Vögel aus der Wohnung heraus gut beobachten. Die im Nistkasten brütenden Vögel (vor allem Meisen und Rotschwanz) sind aber auch sehr nützlich. Unter den von ihnen gefangenen Insekten verursachen nämlich einige mehr oder weniger große Schäden im Garten. Diese Schädlinge werden durch die Vögel sozusagen biologisch bekämpft. Pflanzenschutzmittel werden nur noch in geringerer Menge oder gar nicht mehr gebraucht. Durch diese „sanfte" Methode der Schädlingsbekämpfung wird die Umwelt geschont. Der Effekt ist natürlich auch der, daß Vögel, die unter den derzeitigen Bedingungen keine natürlichen Höhlen mehr finden, angesiedelt werden. Höhlenbrüter

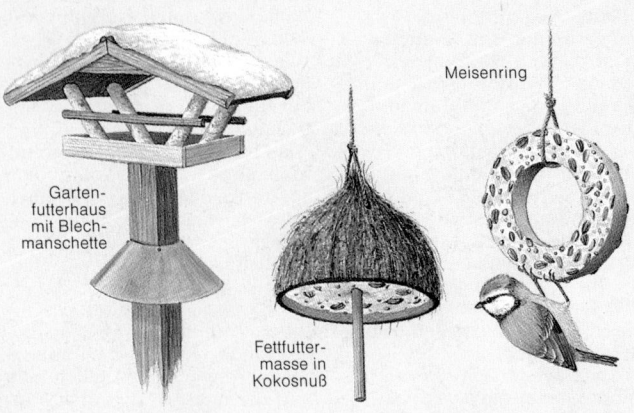

Gartenfutterhaus mit Blechmanschette

Fettfuttermasse in Kokosnuß

Meisenring

sind ja im wesentlichen auf Spechthöhlen angewiesen, die nicht mehr in ausreichendem Maße vorhanden sind. In welchem Garten gibt es schon noch alte, hohle Bäume?

Übrigens: Wer keinen Nistkasten bauen will, kann ihn auch fertig kaufen.

Im Handel erhältlich sind auch Vogeltränken. Man kann sie natürlich auch wieder nach dem Muster des Folienteiches (bzw. der Lehmpfütze für Schwalben) anlegen.

Gerade Singvögel stillen an Vogeltränken an heißen Sommertagen ihren Durst oder nehmen darin ein Bad. Man sollte aber darauf achten, daß die Tränke in einigen Metern Abstand zum nächsten Gebüsch angelegt ist. So haben Räuber (vor allem Katzen) keine Chance, einen Vogel an der Tränke zu überraschen.

Schließlich noch ein paar Worte zur Winterfütterung. Über deren Sinn oder Unsinn ist immer wieder kontrovers diskutiert worden. Unter Beachtung einiger Regeln ist sie durchaus sinnvoll, wenn auch vielleicht nicht notwendig.

Beispielsweise sollte man nur Futter anbieten, wenn draußen auf Grund der Witterung kaum noch etwas zu finden ist. Dann sollte man richtig füttern, sprich: das Futter muß geeignet sein, und es muß trocken bleiben. Im Handel gibt es bewährte Mischungen für Körner- bzw. Weichfutterfresser, und es gibt auch Geräte, die das Futter in der richtigen Weise den Vögeln bereitstellen. Brot und salziges Fleisch sind nicht geeignet.

Grundsätzlich sollte man bedenken, daß man im Bereich des Vogelschutzes schon in kleinem Rahmen etwas Sinnvolles tun kann. Und man kann in seiner Freizeit mit den eigenen Händen tätig werden. Ob man einen Nistkasten baut oder Futterglocken für die Winterfütterung bastelt, man ist aktiv, hat daran Freude und tut etwas für die so arg bedrängte Natur. Gerade aus diesem Grund beschäftigen sich heute viele Menschen mit der Natur im weitesten Sinn. Vogelbeobachtung, Vogelkunde und Vogelschutz spielen dabei eine große Rolle.

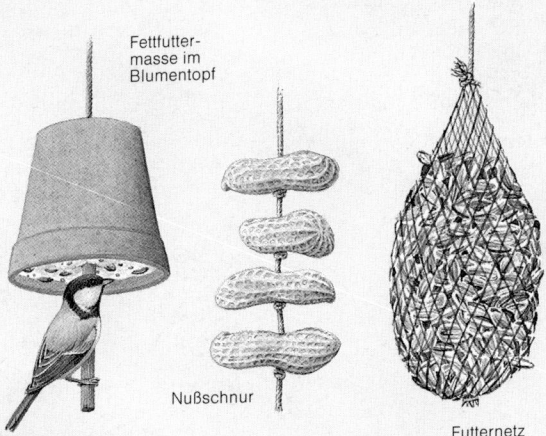

Fettfutter-
masse im
Blumentopf

Nußschnur

Futternetz

## In Deutschland:

Deutsche Ornithologen-
Gesellschaft (DO-G)
c/o Wolfgang Stauber
Postfach 106013
70049 Stuttgart

Deutscher Jugendbund für
Naturbeobachtung (DJN)
Justus-Strandes-Weg 14
22337 Hamburg

Institut für Vogelforschung
„Vogelwarte Helgoland"
An der Vogelwarte 21
26386 Wilhelmshaven-Rüstersiel

Naturschutzbund Deutschland
e.V. (NABU)
Bundesgeschäftsstelle
Herbert-Rabius-Str. 26
53225 Bonn

Vogelwarte Radolfzell
Schloß Möggingen
78315 Radolfzell

Schwegler-Vogelschutzgeräte
GmbH
Heinkelstr. 35
73614 Schorndorf

## In Österreich:

Österreichische Gesellschaft
für Vogelkunde
Naturhistorisches Museum Wien
Burgring 7
A-1014 Wien 1

## In der Schweiz:

Schweizerische Gesellschaft
für Vogelkunde und Vogelschutz
(ALA)
Kernstr. 27
CH-8406 Winterthur

BERGMANN H.-H. & H.-W. HELB (1982): Stimmen der Vögel Europas. BLV Verlagsgesellschaft, München.

BERTHOLD, P., E. BEZZEL & G. THIELCKE (1974): Praktische Vogelkunde. Kilda-Verlag, Greven.

BEZZEL, E. (1977): Ornithologie. Verlag Eugen Ulmer, Stuttgart (UTB)

BEZZEL, E. (1982): Mein Hobby: Vögel beobachten. BLV Verlagsgesellschaft, München.

BEZZEL, E. (1983): Vögel 1 – Singvögel.

– (1984): Vögel – Band 2: Spechte, Eulen, Greifvögel, Tauben, Hühner u. a.

– (1985): Vögel – Band 3: Taucher, Entenvögel, Reiher, Watvögel, Möwen u. a. BLV Verlagsgesellschaft, München.

BLAB, J., E. NOWAK, W. TRAUTMANN & H. SUKOPP (1984) Rote Liste der gefährdeten Tiere und Pflanzen in der Bundesrepublik Deutschland. Kilda Verlag, Greven.

BRUUN, B., A. SINGER & C. KÖNIG (1986): Der Kosmos-Vogelführer – Die Vögel Deutschlands und Europas. Franckh'sche Verlagshandlung, Stuttgart.

BURTON, R. (1985): Das Leben der Vögel. Franckh'sche Verlagshandlung, Stuttgart.

HEINZEL, H., R. FITTER & J. PARSLOW (1972): Pareys Vogelbuch. Verlag Paul Parey, Hamburg/Berlin.

JOREK, N. (1980): Vogelschutz-Praxis. Herbig Verlagsbuchhandlung, München.

LACHNER, R. (1985): Vogelvolk
am Fenster. Landbuch-Verlag,
Hannover.
NICOLAI, J. (1975): Vogelleben.
Rowohlt Taschenbuch Verlag,
Hamburg.
NICOLAI, J. (1982): Fotoatlas der
Vögel. Verlag Gräfe und Unzer,
München.
NICOLAI, J., D. SINGER & K.
WOTHE (1984): Großer Natur-
führer Vögel. Verlag Gräfe und
Unzer, München.
PETERSON, R. T., G. MOUNTFORT
& P. A. D. HOLLOM (1973/
1976): Die Vögel Europas.
Verlag Paul Parey, Hamburg/
Berlin.
POTT, E. (1983): Wald und
Forst. BLV Verlagsgesell-
schaft, München.
POTT, E. (1985): Mein Hobby:
Natur fotografieren. BLV Ver-
lagsgesellschaft, München.
ROCHÉ, J. C. (1986): Die Vogel-
stimmen Europas. Franckh'-
sche Verlagshandlung, Stutt-
gart.
SAUER, F. (1982): Steinbachs
Naturführer – Landvögel.
– (1982): Steinbachs Naturführer
– Wasservögel. Mosaik-Ver-
lag, München.
SCHILDMACHER, H. (1982):
Einführung in die Ornithologie.
Gustav Fischer Verlag, Stutt-
gart.
SCHULTE, W. (1984): Lebens-
raum Stadt. BLV Verlagsgesell-
schaft, München.
SINGER, D. (1987): Singvögel –
Alle mitteleuropäischen Sing-
vögel. Franckh'sche Verlags-
handlung, Stuttgart.
THIEDE, W. (1976): Vögel. BLV
Verlagsgesellschaft, München.
THIELCKE, G. (1970): Vogelstim-
men. Springer-Verlag, Berlin.
ZECH, J. (1984): Vogelhäuschen,
Nistkästen, Vogeltränken – mit
Plänen und Anleitungen zum
Selbstbau. Falken-Verlag, Nie-
dernhausen.

# Vögel in Wald, Park und Garten

**Vögel des Waldes**

Sperber, Flugbild

Turmfalke, Flugbild

Rabenkrähe

Fichtenkreuzschnabel

Kernbeißer

Buchfink

Erlenzeisig

Kleiber

Eichelhäher

Misteldrossel

Waldbaumläufer

Gimpel

Pirol

Goldhähnchen

Trauerschnäpper

Zilpzalp